Antje Hebel
Ich belle nur bei Vollmond

AF235524

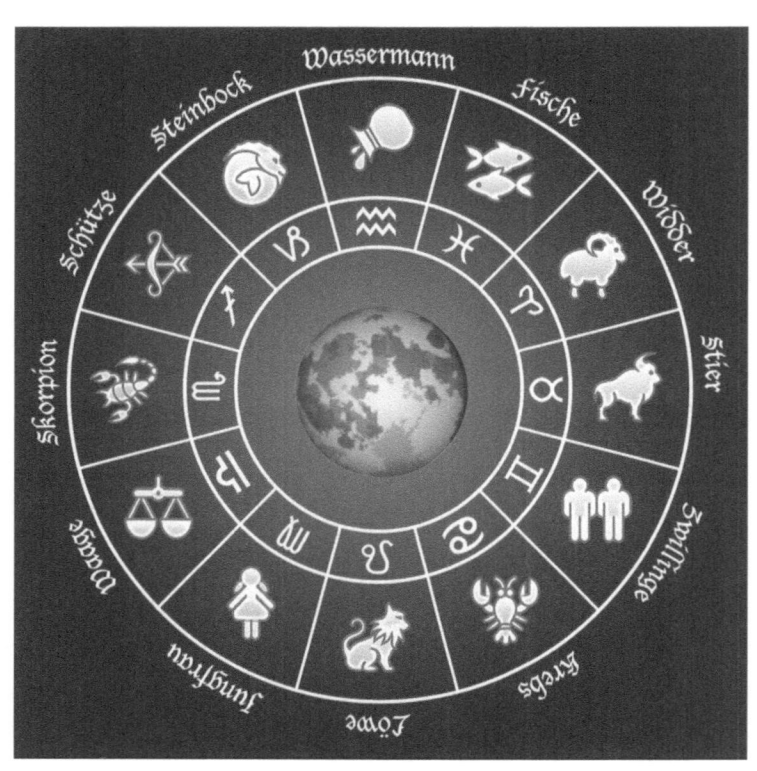

Antje Hebel

Ich belle nur bei Vollmond

Wie Sie Ihren Hund im Zyklus des Mondes ernähren, pflegen und gesundhalten können

Zum Thema Wohlergehen und Gesundheit Ihres Hundes bekommen Sie auf unserer Seite www.echt-hundgerecht.de mehr Infos.

Bibliografische Information der Deutschen Nationalbibliothek
Die Deutsche Nationalbibliothek verzeichnet diese Publikation in der Deutschen Nationalbibliografie; detaillierte bibliografische Daten sind im Internet über http://dnb.d-nb.de abrufbar.

3., veränderte Auflage 2020
1. Auflage 2016

Illustrationen: Alexey Bannykh
Umschlagfoto: @lifeonwhite
Layout: Verlagsservice Monika Rohde, Leipzig
Herstellung und Verlag: BoD – Books on Demand, Norderstedt

ISBN 9783751994798

Inhalt

Anhang

Vorwort

„Der Darm ist die Wurzel der Gesundheit" – ein altes Sprichwort, das auf Hippokrates zurückgeführt wird, ist heute aktueller als jemals zuvor. Heutzutage sehen die meisten Menschen den Darm nur noch als Ausscheidungsorgan. Wir haben vergessen, dass der Darm eine grundlegende Bedeutung bei der Gesunderhaltung von Mensch und Tier spielt. Der Darm lässt sich mit den Wurzeln einer Pflanze vergleichen. Steht die Pflanze auf kargem Boden, erhält sie über ihre Wurzeln nicht ausreichend Nährstoffe und verkümmert.

Wir können einen nährstoffreichen Boden gut mit einer artgerechten, vitalstoffreichen Ernährung unserer Tiere vergleichen. Bei einseitiger oder falscher Ernährung entstehen bald chronische degenerative Erkrankungen, die nicht selten zum frühen Einschläfern der Tiere führen oder ein lebenslanges Martyrium für Besitzer und Tier bedeuten.

Konzentrieren wir uns einmal auf die heutige Ernährung unserer Hunde. Immer noch wird geglaubt, eine industriell verarbeitete Kost wäre gesünder als frisch zubereitetes Futter. Genauso könnte man behaupten, dass Fast Food für Menschen besser wäre als selbstgekochtes Essen aus frischen Zutaten. Wir wissen aber, dass jede industrielle Verarbeitung mit einem erheblichen Verlust an Makro- und Mikronährstoffen einhergeht. Proteine, Vitamine, Enzyme sowie wichtige sekundäre Pflanzenstoffe werden dabei reduziert oder ganz zerstört.

Zwar werden synthetische Vitamine beigefügt, um diese Defizite wieder aufzufüllen. Nur entsprechen diese keinesfalls dem natürlichem Original. Die Bioverfügbarkeit der synthetischen Vitamine ist weitaus geringer als die der natürlichen. Der Körper kann sie nicht freisetzen oder nutzen. Abgesehen davon, enthält industriell verarbeitetes Futter, zusätzlich zu den künstlichen Vitaminen, noch zahlreiche andere chemische Stoffe.

Aber Nahrung ist für Ihren Hund nicht nur die Versorgung mit Nährstoffen, sondern bedeutet auch Zufuhr von Energie in Form von Elektronen. Je hochwertiger ein Futtermittel ist, desto mehr Elektronen kann es abgeben. Nahrung, reich an elektronenabgebenden Stoffen ist basisch und hält gesund, eine elektronenraubende Nahrung säuert den Organismus an und macht ihn krank.

Über den Stoffwechsel, werden die von außen zugeführten Nährstoffe für den jeweiligen Organismus umgewandelt. Dabei sind zwei Punkte wichtig:

1. Die Nahrung muss energiehaltig, und damit reich an Elektronen sein. Diese Ansprüche erfüllen nur frische und hochwertige Nahrungsmittel. Jede industrielle Verarbeitung, aber auch schon nur eine Erhitzung vermindern den Gehalt an Elektronen. Auch Gemüse, das auf ausgelaugten Böden wächst, oder das Fleisch gestresster Tiere aus der Massentierhaltung sind in dieser Hinsicht minderwertiger und elektronenärmer.
2. Die Nahrung sollte keine Stoffe enthalten, die zur Übersäuerung führen können. Dazu gehören vor allem oxidierte Fette aus Pflanzenölen, Zucker, Weißmehl, chemische Zusatzstoffe, Agrar- und Lebensmitteltoxine sowie Schwermetalle.

Beide Punkte beeinflussen den pH-Wert des Gewebes in Richtung sauer. Bereits eine minimale Änderung des pH-Wertes, hin in den sauren Bereich, beeinflusst den Stoffaustausch zwischen den Zellen und deren optimale Versorgung. Werden Zellen nicht richtig versorgt, können sie nicht mehr die volle Energie aus den Nährstoffen ziehen, Krankheiten entstehen. Erster Hinweis für solch eine Unterversorgung ist ein Leistungsabfall.

Eine Übersäuerung des Organismus kann natürlich auch durch andere Faktoren entstehen wie Stress oder Medikamente. Bei unseren Hunden können wir solche Störfaktoren nicht immer beeinflussen, die Ernährung können wir aber sehr gut selbst in die Hand nehmen. Durch die Auswahl frischer Rohstoffe, am besten in Bio Qualität, können Sie selber einen erheblichen Anteil zur Gesundheit Ihres Hundes beitragen.

Wenn Ihnen aus finanziellen oder anderen Gründen die Verwendung von Bio-Ware nicht möglich ist, greifen Sie auf konventionell angebaute und geschlachtete Rohstoffe zurück. Selber zubereitetes Frischfutter aus herkömmlichen Lebensmitteln ist immer noch besser, als irgendeine industriell verarbeitete Fertigware.

Die Zunahme, der auch beim Hund als Zivilisationserkrankungen bezeichneten, zum Teil schweren chronischen Störungen, ist mit Sicherheit auf den enormen Anstieg der Verwendung von Industriefutter zurückzuführen. Das zeigen die unzähligen Fälle in meiner täglichen Praxis. Es freut mich immer wieder, wenn nach einer Ernährungsumstellung ein Erfolg bald sichtbar ist.

Sie werden hier im Buch viele Anregungen für gesunde Hundenahrung finden. Ernähren Sie Ihren Hund so wie es die Natur für ihn vorgesehen hat – mit Fleisch und frischen Zutaten. Dann bleibt sein Darm intakt und Ihr Hund hat eine gute Chance auf ein langes glückliches Leben.

Nachdem bereits so viele Menschen nach den Mondregeln leben, finde ich es eine schöne Idee, den Mondkalender jetzt auch den Hundebesitzern für ihre Vierbeiner zu erschließen.

Antje Hebel erklärt hier im Buch klar und gut verständlich, welche Schätze die Natur und das Leben für unsere Hunde bereithalten. Es ist eine interessante Anregung, um alte Gewohnheiten und den bisherigen Lebensstil einmal zu überdenken. Ich selber gehe gerne auf Wünsche von Hundebesitzern ein, an ganz bestimmten Tagen zu operieren bzw. zu behandeln. Natürlich kann der Mond Ihren Hund nicht vor Krankheiten oder dem Alter bewahren. Aber ein intensiver Bezug zu Natur kann Ihnen vielleicht helfen, ihm seine Gesundheit länger zu erhalten und ihm damit etwas mehr Zeit mit Ihnen zu schenken.

Ich wünsche Frau Hebel alles Gute und viel Erfolg mit ihren weiteren Projekten.

Jutta Ziegler

Einleitung

Liebe Leserinnen und Leser,

Sie werden sich vielleicht fragen, wieso eine Verhaltenstrainerin ein Buch über den Einfluss des Mondes auf unsere Hunde schreibt. Darauf gibt es eine sehr einfache Antwort: Ich lebe selbst nach den Mondregeln und wende sie ganz automatisch auch immer bei meinen Hunden an.

Ich möchte Ihnen von meinen persönlichen Erfahrungen und gesammelten Kenntnissen, die ich durch das Zusammenleben mit meinen Hunden gewinnen konnte, berichten. Es liegt mir fern, Sie zu belehren, irgendwelche Regeln aufzustellen oder das Thema Hunde-Wohlergehen neu zu definieren. Sie werden jedoch viele Anregungen finden und ich freue mich, wenn Sie offen dafür sind, das eine oder andere bei Ihrem Hund auszuprobieren. Aber, viele Wege führen nach Rom. Was bei meinen Hunden funktioniert, muss nicht automatisch bei Ihrem Hund passen. Entscheidend sind immer auch die persönlichen Neigungen und Lebensumstände. Es gibt Hunde, die liegen gern auf kalten Böden, andere wiederum brauchen einen Teppich, um sich wohlzufühlen. Es ist einfach so, es gibt keine allgemeinen Regeln, warum sollte es bei Hunden anders sein, als bei uns Menschen.

Meine Hinweise gelten für den gesunden Durchschnitts-Hund und werden sicher von jedem Hundebesitzer anders interpretiert und umgesetzt. Für detailliertere, individuelle Hilfe wenden Sie sich bitte an einen entsprechenden Fachmann in Ihrer Nähe.

Ich danke meinen Kolle- gen Renate Günther, Swanie Simon, Katrin Voßwinkel und Cornelia Salvato-Kober hiermit ganz herzlich für ihre zusätzlichen Tipps und Anregungen.

Einen großen Dank sende ich dem Illustrator Alexey Bannykh für seine Geduld und die liebevoll gestalteten Illustrationen.

Für Ihr Vertrauen und den Erwerb dieses Buches möchte ich mich recht herzlich bei Ihnen bedanken. Und nun wünsche ich Ihnen viel Freude beim Lesen. Ich würde mich freuen, wenn Sie hier neue Ideen und Anregungen finden.

Ihre

Antje Hebel

Der Mond

Mythen und Legenden über den Mond

Unser Universum ist erfüllt von Sternen, Kometen und Planeten. Viele davon sind mit bloßem Auge von der Erde aus erkennbar, aber nur einer hat es geschafft, das Interesse fast aller Erdenbewohner auf sich zu ziehen. Uns erscheint er wie ein großer Kopf mit Augen, Nase und Mund – der Mond. Seit Jahrhunderten fasziniert der Mond Dichter, lockt Astronomen, inspiriert Verliebte und beschäftigt Astrologen. Er ist mehr als nur irgendein Planet, er bedeutet Leben und Wandel, Ebbe und Flut. Menschen erkannten das bereits vor Jahrtausenden. Je nach Mondphase gab es unterschiedliche Ergebnisse beim Säen oder Ernten, beim Haare schneiden oder Zähne ziehen.

Der Mond wurde aber nicht nur mit solchen nachvollziehbaren Aspekten in Verbindung gebracht, sondern auch mit astrologischen Kräften. Ihm wurde Macht über Liebe, Ruhe, Fruchtbarkeit und Heilung zugesprochen. Er beherrscht seit jeher unsere Gefühle und wir verbinden mit ihm Empfindsamkeit, Willenslenkung und Sympathie. Die ihm zugeordneten Düfte sind Sandelholz, Myrrhe und Rosenwasser. An Edelsteinen ordnen wir ihm Aquamarin, Beryll, Mondstein, Selenit, Quarz und Kristall zu. Diese Steine und Düfte werden bis heute genutzt, um die Kräfte des Mondes gegen Krankheiten, Kinderlosigkeit oder zur Versöhnung einzusetzen.

Aber der Mond hat in der Mythologie nicht nur positive Seiten. Vollmondnächte sind den Menschen auch heute oft noch unheimlich und geheimnisvoll. Eine Legende behauptet, dass ein Mann sich in einen Werwolf verwandelt, wenn er bei Vollmond im Freien schläft. Hexentreffen fanden immer nur bei Vollmond statt. Jack the Ripper mordete ausschließlich bei Vollmond. Und Vampire mussten in Vollmondnächten Blut trinken, um Unsterblichkeit zu erlangen. Man könnte fast meinen, der Vollmond zöge das Böse geradezu an.

Im Altertum sprach man sogar einigen Tiere einen starken Bezug zu den Mondkräften zu, sie erhielten damit magische Kräfte. So ist zum Beispiel der Wolf in vielen Überlieferungen besonders eng mit dem Mond verknüpft. Wer kennt nicht die Schauergeschichten über heulende Wölfe. An Vollmondnächten ging ihr Jaulen den Menschen immer besonders unter die Haut.

Auch Bären und Schnecken gelten als Mondtiere, weil sie sich, wie der Mond, periodisch zurückziehen. Hunde waren in vielen Mythen oft Getreue der Mondgötter. Der Stier wurde als Mondtier verehrt, weil seine Hörner der Form der Mondsichel ähneln. Und die Schlange ist ein Mondwesen, dem Fruchtbarkeit und Erneuerung zugeschrieben wurde. Zu den Mondwesen zählten auch jene Tiere, die die Menschen auf der Oberfläche des Planeten zu erkennen glaubten, wie etwa Hase, Frosch oder Schildkröte.

Selbst wenn wir heute nicht mehr an die alten Mythen und Phantasien glauben, können wir uns nur schwer dem Einfluss des Mondes entziehen. Kaum ein anderer Planet beeinflusst unser Leben so stark wie der Mond. Seine geheimnisvollen Kräfte beeinflussen das Wachstum von Pflanzen, wirken auf das Wetter und leiten unser Seelenleben. Er ist auch heute noch allgegenwärtig und aus unserer modernen Welt nicht wegzudenken.

Der Mond in unserer heutigen Welt

Aber es geht uns hier nicht um Mythen oder Legenden. Ich glaube auf eine sehr nüchterne Weise an den Mond als Teil der Natur und unseres Lebens. Denn trotz der Entfernung von ca. 385.000 km bewirken sein Magnetfeld und seine Anziehungskraft Veränderungen auf unserer Erde. Der Mond beeinflusst Ebbe und Flut genauso wie den Fruchtbarkeitszyklus der Frauen. Zugvögel und einige nachtaktive Insekten brauchen den Mond als Navigationshilfe. Auch die Fortpflanzung etlicher Tiere ist vom Mond abhängig. „Die Einstunden-Mücke *Clunio Marinus* schlüpft nur an den Tagen unmittelbar nach Voll- oder Neumond und hat zur Paarung nur circa eine Stunde Lebenszeit", bestätigt Prof. Thomas Hoffmeister vom Institut für Ökologie und Evolutionsbiologie der Uni Bremen.

Diverse Seevögel suchen jedes Jahr, immer beim ersten Frühlingsvollmond, die gleichen Brutplätze auf. Sogar blinde (!) Termiten sind bei Vollmond und Neumond besonders eifrige Tunnelbauer, wogegen ihre Baufreude an den übrigen Tagen erheblich niedriger ist.

Angler berichten über bessere Fangergebnisse rund um Vollmond. Und selbst Surfer bestätigen, dass der Wellengang bei Vollmond sehr viel stärker ist als sonst.

Der Mond dient den Menschen schon von jeher zur Kalenderberechnung. Unsere Sieben-Tage-Woche ist durch ihn entstanden. Ebenso werden christliche Feiertage immer noch nach dem Mond berechnet: Ostern wird jedes Jahr an dem Sonntag gefeiert, der dem ersten Frühlings-Vollmond folgt.

Der hinduistische Kalender richtet sich bis heute ausschließlich nach dem Mond. Er gibt vor, welche Tage günstig sind zum Hausbauen, zum Reis ernten oder um Hochzeit zu feiern. Auch der Zeitpunkt des islamischen Fastenmonats Ramadhan wird nach den Mondperioden berechnet. Selbst manche Wetterkatastrophen können auf die Kräfte des Mondes zurückgeführt werden. Eine überlieferte Mondregel besagt, dass mit schweren Hochwassern zu rechnen ist, wenn im Jahr zuvor in einem Monat zweimal Vollmond war. Diese Weisheit bestätigte sich in den letzten Jahren immer wieder.

Doppelvollmond Nov. 2001 – Elbhochwasser 2002
Doppelvollmond Juli 2004 – Alpenhochwasser 2005
Doppelvollmond Juni 2007 – Fluten in Indien, Nepal und
der Ukraine 2008
Doppelvollmond Dez. 2009 – Hochwasser in Polen und
Pakistan 2010
Doppelvollmond Aug. 2012 – schwere Überflutungen in
ganz Europa 2013

Das ist kein Humbug, diese Tatsachen sind zum Teil wissenschaftlich bewiesen.
Alle Lebewesen sind von einem Energiemantel umgeben. Dieser Mantel, auch Aura genannt, reagiert auf die Anziehungskräfte und Schwingungen, die der Mond durch seine Rotation erzeugt. Der Mond beeinflusst über diese Aura die inneren Organe und den Biorhythmus der Menschen, Tiere und Pflanzen.

Ich versuche seit mehreren Jahren, im Einklang mit der Natur und den Mondphasen zu leben. Im Hinblick dessen habe ich vieles, was bei mir selbst gut gewirkt hat und prima funktionierte, auch bei meinen Hunden ausprobiert. Dabei stellten sich erstaunlich gute Ergebnisse ein. Sogar bei meiner Arbeit hilft mir der Blick auf den Mondkalender. Am häufigsten fragen meine Kunden nach dem richtigen Zeitpunkt für Sterilisationen oder Operationen, gefolgt von passenden Tagen für's Krallen schneiden oder besonders günstigen Terminen, mit dem Hund eine Diät zu beginnen. Ich habe meine Kenntnisse und Erfahrungen mit dem Mondkalender in diesem Buch gesammelt. Sie erfahren hier, wie sich die Energie des Mondes auf die Gesundheit und das Gemüt Ihres Hundes auswirken kann, wann die beste Zeit ist, um mit ihm in den Urlaub zu fahren oder wann Sie körperliche Belastungen Ihres Hundes vermeiden sollten. Trotzdem brauchen Sie jetzt nicht alle Ihre Gewohnheiten oder Richtlinien über Bord zu werfen. Die Tabellen und Hinweise sollen Anregungen sein. Wenn Sie das eine oder andere für Ihren Hund nutzen können, würde ich mich freuen. Vielleicht bringt es Sie beide der Natur ein bisschen näher, damit Sie in Zukunft die Energien des Mondes ganz intensiv spüren können.

Der Kreislauf des Mondes

Bereits im alten Babylon wurde beobachtet, dass der Mond in seinem Lauf immer wieder alle zwölf Tierkreiszeichen durchwandert. Den damaligen Astrologen fiel auf, dass typische Begebenheiten stattfanden, wenn der Mond bestimmte Tierkreiszeichen durchwanderte. Dieser Wechsel der Tierkreiszeichen findet bis heute alle zwei bis drei Tage statt. Der Mond benötigt einen Monat, um den kompletten Tierkreis, also alle zwölf Sternbilder, einmal zu passieren.

Während dieses Durchlaufs ändert sich auch die Gestalt des Mondes. Sein Zyklus beginnt, wenn er direkt zwischen Sonne und Erde steht. An diesem Tag ist der Mond für uns unsichtbar, wir nennen das Neumond. Ab diesem Zeitpunkt tritt er aus dem Schatten der Sonne heraus und wird immer voller und runder. Das ist die Zeit des zunehmenden Mondes. Er wächst immer von rechts nach links. Nach etwa 14 Tagen steht der Mond genau gegenüber seines Ausgangspunkts. Er wird total von der Sonne beleuchtet und hat seine gesamte Größe erreicht – wir haben Vollmond. Ab jetzt gleitet er wieder in den Schatten der Sonne und wird von rechts nach links schlanker, das nennen wir die Zeit des abnehmenden Mondes. Er rutscht wieder zwischen Sonne und Erde, bis er nach weiteren 14 Tagen abermals unsichtbar ist. Wir haben wieder Neumond.

Der Einfluss des Mondes auf unser Leben

Es sind diese vier Mondphasen, die Einfluss nehmen auf die Natur. Am deutlichsten spüren wir diese Schwingungen, wenn der Mond rund und voll ist. Astroexperten zufolge verursacht der Vollmond durch seine Wirkung auf die Psyche eher körperliche Reaktionen wie Alkohol trinken, sich prügeln oder Schlafwandeln. Der Neumond hingegen wirkt mehr auf die Emotionen und die Seele und löst Depressionen oder Nervosität aus. Deswegen sind die Auswirkung des Vollmondes auch leichter wahrnehmbar, als die des Neumondes.

Bei Vollmond werden mehr „Alkohol-Leichen" in Krankenhäuser eingeliefert, psychisch Kranken geht es schlechter, viele Menschen leiden unter Schlafstörungen. Schlafwandler sind besonders aktiv und die Kummertelefone der Seelsorger laufen auf Hochtouren.

Der Chronobiologe Prof. Dr. Christian Cajochen wertete mit Experten der Universität Basel eine zurückliegende Schlaflaboruntersuchung neu aus. Dabei fanden sie interessante Zusammenhänge zwischen Vollmond und dem Schlafverhalten der Probanden heraus. Die Forscher entdeckten, dass alle 30 Testpersonen bei Vollmond schlechter einschliefen, sich unruhiger herumwälzten und etwa 20 Minuten weniger Schlaf fanden als in anderen Nächten.

Aber nicht nur auf uns Menschen hat der Mond einen Einfluss, auch Tiere sind davon betroffen. Britische Wissenschaftler haben herausgefunden, dass der Vollmond auch eine negative Auswirkung auf das Beißverhalten von Tieren hat. Hunde, Katzen oder Pferde reagieren dann aggressiver und beißwilliger als an anderen Tagen. Ergebnis der im British Medical Journal veröffentlichten zweijährigen Studie (*BMJ*, 2000; 321:1559–1561):

Die meisten Bissverletzungen einer Notfallambulanz in London ereigneten sich stets an Vollmond. Der Rekordtag verzeichnet 269 Bisse. An normalen Tagen wurden zwischen 110 und 201 Menschen von Tieren attackiert. Nach Aussage der Studienleitung scheint damit ein Zusammenhang zwischen Mondzyklus und Beißverhalten der Tiere nachgewiesen.

Die Impulse des Mondes

Wir wissen heute, dass der Einfluss des Mondes auf unser Leben über verschiedene Impulse spürbar ist:

* Durch die Wirkung der Mondphasen
* Über Naturelemente und Tierkreiszeichen
* Ob er steigend oder fallend ist

Uns interessieren hier besonders die beiden ersten Impulse, also der Einfluss der Mondphasen und die Beziehung des Mondes zu den Elementen und Tierkreiszeichen.

Ob der Mond steigt oder fällt, hat hauptsächlich für Gärtner und Landwirte eine Bedeutung. Diese Begriffe sind nicht damit zu verwechseln, ob der Mond zunimmt oder abnimmt. Steigender oder fallender Mond bezeichnet den Weg des Mondes am Firmament. Aufsteigend durchwandert er die Tierkreiszeichen von Schütze bis Stier, absteigend von Zwilling bis Skorpion.

Dabei verleiht jedes Tierkreiszeichen den Kräften des Mondes bestimmte Eigenheiten, die sich auf Menschen, Tiere und Pflanzen auswirken.

Die Elemente und Tierkreiszeichen

Die Kräfte des Mondes wirken über die Einflüsse der Tierkreiszeichen, die er gerade durchquert. Diese zwölf Zeichen sind vier Ur-Elementen (Feuer, Erde, Luft, Wasser) zugeordnet, denen wir ganz bestimmte Eigenschaften in ihrer Wirkung auf unser Leben zusprechen. Sie haben Einfluss auf bestimmte Pflanzenteile, die Witterung und spezielle Nährstoffe.

Element Feuer: Widder, Löwe, Schütze

Die Witterung ist warm und trocken an diesen *Wärmetagen*. Der Mond hat einen stärkeren Einfluss auf die Fruchtkörper von Pflanzen. Unser Körper reagiert besonders auf eiweißhaltige Nahrung. Viele Lebewesen sind aktiver, aber auch ungeduldiger als sonst.

Element Erde: Stier, Jungfrau, Steinbock

Diese *Kältetage* wirken kühl auf uns, selbst bei vollem Sonnenschein. Der Mond wirkt hauptsächlich auf Wurzelpflanzen. Der Körper reagiert stark auf Salz und Salziges. Wir bewegen uns an Kältetagen umsichtiger und bedächtiger, aber auch ängstlicher.

Element Luft: Zwillinge, Waage, Wassermann

An den *Lichttagen* empfinden wir die Welt heller als sonst. Oft weht eine kühle Brise. Jetzt hat der Mond einen positiven Einfluss auf den Blütenstand von Pflanzen. Fette und Öle beeinflussen unsere Verdauung. Wir sind gut gelaunt und fröhlich. Das Leben scheint uns leicht und einfach.

Element Wasser: Krebs, Skorpion, Fische

Wassertage sind feucht und bringen häufig Regen. Der Einfluss des Mondes wirkt nun überwiegend auf Blätter und Blattpflanzen. Stoffwechsel und Organismus reagieren ausgeprägt auf Kohlenhydrate in der Nahrung. Wir sind empfindsam, brauchen Wärme und Geborgenheit und suchen die Nähe unserer Lieben.

Im nachfolgenden Text werde ich die vier Elemente noch intensiver vorstellen und Sie werden alle dazugehörigen Ableitungen wie Lichttage, Wurzeltage oder Salztage näher kennenlernen.

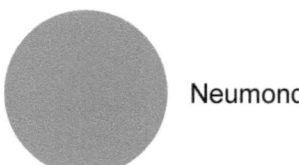 Neumond

 Zunehmend

 Vollmond

 Abnehmend

 Neumond

Wie wirken die Mondphasen auf Ihren Hund

Der Mond ist vor mehr als vier Milliarden Jahren entstanden. Seitdem umkreist er unsere Erde. Für eine Umkreisung benötigt er ca. 28 Tage. Dabei dreht er sich um seine eigene Achse und wird von der Sonne erhellt. Der Mond selbst scheint nicht, er ist dunkel. Je nachdem wie viel Licht er von der Sonne reflektiert, erscheint er uns manchmal voll und rund oder nur als schmale Sichel. Ab und zu sehen wir ihn überhaupt nicht am Nachthimmel. Diese scheinbar stetig veränderte Form bezeichnen wir als Mondphasen. Es gibt in der Astrologie acht Mondphasen. Aber ich möchte mich hier auf die prägendsten vier beschränken: Das sind Neumond, zunehmenden Mond, Vollmond und abnehmender Mond.

Neumond ●

Die Neumondphase dauert ca. drei Tage. Auch wenn der eigentliche Neumond nur einen Tag am Himmel zu sehen ist, zählen für die Phase immer auch der Tag vor und der Tag nach dem eigentlichen Neumond mit.

Bei Neumond wirken starke Energien des Neubeginns auf Lebewesen und Natur. Alles ist frisch, alles wird zum Wachsen angeregt oder beginnt zu regenerieren. Ihr Hund entwickelt in dieser Phase besonders viel Elan, spielt und tobt voller Begeisterung. Er lernt schneller beim Training und gewöhnt sich leichter an neue Situationen. Für einen Umzug, die Gewöhnung an den neuen Lebenspartner oder eine Unterbringung bei Oma ist jetzt die beste Gelegenheit.

Diese drei Tage eignen sich auch hervorragend zum Entgiften oder Entschlacken bei Ihrem Hund. Leider trinken viele Hunde nicht ausreichend genug Flüssigkeit. Das ist nicht nur bedauernswert, sondern für eine Entschlackung wirklich hinderlich. Aber dagegen gibt es einen Trick: Fügen Sie dem Futter bei Neumond extrem viel Wasser zu und reichern Sie es mit ein paar frischen kleingehackten Brennnesselblättern an. Damit führen Sie Ihrem Hund die benötigte Flüssigkeit und das richtige Heilkraut zu. Diese Kur reinigt und entschlackt seinen Körper, weil dabei reichlich Giftstoffe über Leber und Niere ausgeschieden werden können. Auch eine Diät um den Neumondtag ist erfolgreicher als an anderen Tagen. Füttern Sie nur Fleisch, rohes Gemüse und frische Kräuter. Als Leckerli geben Sie etwas Faserreiches wie Mango oder Papaya. Ihrem Hund wird das schmecken.

Sollte Ihr kleiner Freund Verdauungsprobleme haben, empfiehlt es sich, über Neumond eine Darmsanierung durchzuführen. Keine Angst, das ist nichts Dramatisches, sondern eine Art Schonkost für drei Tage. Ihr Tierheilpraktiker wird Ihnen dafür einen individuellen Ablauf zusammenstellen.

Sogar alte Gewohnheiten wird Ihr Hund bei Neumond besser los. Die Zeit ist günstig, um seine Unarten erfolgreich zu stoppen. Bleiben Sie ruhig, wenn er sich daneben benimmt, aber zeigen Sie ihm Ihre ehrliche Traurigkeit und Enttäuschung. Er ist bei Neumond empfänglicher für Ihre Stimmung und wird sensibler und intuitiver reagieren. Das ist der Moment, in dem Sie ihn ablenken und ein Alternativverhalten anbieten können.

Einem beißwütigen Hund kann es helfen, wenn Sie bei Neumond Ihre Möbel oder Schuhe mit Beifuß oder Essig einreiben, dann wird Ihr Vierbeiner schnell aufhören, daran zu knabbern.

Oder wie wäre es mit einer Entrümpelung? Trennen Sie sich an den Tagen des Neumonds von unnötigen Hunde-Utensilien. Bringen Sie ungenutzte Halsbänder, Hundespielzeug oder Hundedecken ins nächste Tierheim. Damit tun Sie ein gutes Werk und machen den Hunden dort garantiert eine große Freude.

Sollten Sie noch keinen Hund haben, dann sind die drei Neumondtage der günstigste Termin, um einen Hund zu Ihnen nach Hause zu holen.

Hunden, die an Neumond geboren wurden, wird ein besonders langes, glückliches Leben vorausgesagt.

Obwohl bei Neumond das Schmerzempfinden sehr gering ist, sollte auf operative Eingriffe verzichtet werden. Die Phase ist einfach zu kurz, um eine nachfolgende Heilung positiv zu beeinflussen.

Zunehmender Mond ☽

Das ist die Zeit zwischen Neumond und Vollmond. Alles dreht sich nun darum, positive Energien aufzunehmen, sie zu nutzen und zu speichern. Wir sammeln quasi alles ein, was uns geboten wird. Der Körper Ihres Hundes kann in dieser Phase Heilmittel besonders gut aufnehmen und die Zeit verstärkt deren Wirkung. Kräutertees, Massagen oder Haut-Kompressen entfalten ihre kräftigende Wirkung in dieser Zeit besonders intensiv.

Auch Medikamente wirken nun stärker, weil sie vom Organismus besser aufgenommen werden. Weniger gut ist allerdings, dass jetzt auch mehr Wasser im Körper eingelagert wird. Hunden mit Herzproblemen, Allergien, Nierenund Leberinsuffizienz oder Infektionen kann das extrem zu schaffen machen.

Hunde mit Bewegungsproblemen profitieren dagegen vom zunehmenden Mond. Es ist die richtige Zeit für Muskelaufbau und Stärkung der Gelenke. Isotonische Übungen und Physiotherapie schlagen jetzt besonders gut an.

Ihr Hund ist topp fit und gesund? Dann machen Sie sich keine allzu großen Sorgen, falls er im Winter in einen kalten Bach springt. Er wird es gut überstehen, da seine Selbstheilungskräfte bei zunehmendem Mond stärker aktiviert werden. Dagegen wird der Heilungsprozess von Wunden verzögert, je voller der Mond wird. Verzichten Sie, wenn möglich, auf Operationen und andere medizinische Eingriffe.

Natürlich werden jetzt auch Fette und Kohlenhydrate vom Körper besonders gut gespeichert. Wenn Ihr Hund zu Übergewicht neigt, reduzieren Sie in dieser Periode nicht nur die Leckerlis, sondern alles, was ihn dick machen könnte! Bieten Sie ihm keine Nudeln oder Wurstwaren an. Verzichten Sie auch auf Trockenfutter, da es oft stärkeoder zuckerhaltige Kohlenhydrate enthält.

Der zunehmende Mond ist der günstigste Zeitpunkt, um mit dem Training und der Ausbildung Ihres Hundes zu beginnen. Er ist jetzt besonders aufnahmefähig und wird auch schwierige Übungen oder körperliche Anstrengungen mit Bravour meistern.

Monderfahrene Tierzüchter legen einen Deckakt möglichst auf die ersten Tage des zunehmenden Mondes, damit sich der Fötus optimal entwickeln kann.

Hunde, die bei zunehmendem Mond geboren wurden, werden in einer Großfamilie und mit anderen tierischen Freunden sehr glücklich und zufrieden sein.

Vollmond ○

Auch diese Mondphase dauert um die drei Tage. Das ist der Zeitpunkt heftiger Gefühlsausbrüche! Das Temperament Ihres Hundes kann bei Vollmond ins totale Gegenteil umschlagen. Es kann zu gesteigertem Elan kommen, zur plötzlichen Verweigerung oder zur mimosenhaften Sensibilität. Wundern Sie sich nicht, wenn Ihr Sensibelchen bei Vollmond plötzlich auf Artgenossen losgeht oder denen grundlos die Zähne zeigt. Es könnte sein wahres „Ich" sein, das jetzt aus seiner tiefsten Seele zum Vorschein drängt. Das Gleiche gilt für emotional blockierte Hunde, die ihre Angst oder Aggressionen nicht im Griff haben. Vielleicht verstecken Sie sich jetzt mehr als sonst unter dem Bett, wollen nicht spazieren gehen oder bellen grundlos die leere Wand an. Bei Vollmond ist alles möglich.

Beobachten Sie Ihren Hund einmal genauer an diesen Tagen. Sollte er dann unruhiger oder besonders sensibel wirken, verschieben Sie aufregende Erlebnisse wie Geburtstagsfeiern oder Ihren Urlaubsantritt um ein paar Tage.

An Vollmond geborene Hunde können in ihrer Welpen- und Junghundzeit sehr anstrengend und herausfordernd sein. Oft entwickeln sie ihre positiven Seiten erst nach dem dritten Lebensjahr.

Vollmond ist auch die Zeit, Energie zu tanken und zu regenerieren. Dementsprechend sinkt die Leistungsfähigkeit vieler Hunde. Sie wirken dann oft lustlos und schlapp. Aber keine Sorge, das ändert sich, sobald der Mond wieder abnimmt.

Schwere Nahrungsmittel wie Speck oder Weihnachtsstollen sollten Sie jetzt total vom Speiseplan Ihres Hundes streichen! Seien Sie vernünftig, ernähren Sie ihn an Vollmondtagen wirklich salz-, zucker- und fettarm! Magerer

Ziegenkäse ist eine gute Alternative, besonders für Hunde mit Verdauungsproblemen. Geben Sie viele frische Kräuter ins Futter. Die darin enthaltenen Mineralien und Spurenelemente wirken jetzt am intensivsten.

Bei Vollmond sollten Sie, wenn möglich, auf medizinische Behandlungen Ihres Hundes verzichten. Wenn Sie wählen können, dann verschieben Sie jegliche chirurgischen Eingriffe, Zahnbehandlungen oder Operationen um drei bis vier Tage. Denn an den drei Tagen rund um Vollmond bluten Wunden stärker und heilen schlechter als sonst. Ausgenommen davon sind natürlich Unfälle, Geburten und andere plötzliche Ereignisse, deren medizinische Versorgung weder voraussehbar noch aufschiebbar ist.

Bei meinem ersten Straßenhund in Bali habe ich den Vollmond immer sehr genau gespürt. Willi war an diesen Tagen viel lebhafter und ausgelassener. Am deutlichsten merkte ich es aber an seiner Gewohnheit, die Vollmondnächte im Freien zu verbringen. Statt mit uns im Haus zu schlafen, blieb er bis morgens am Gartentor liegen. Ich habe ihn aus Sicherheitsgründen nicht hinaus gelassen und werde daher leider nie erfahren, was er bei geöffnetem Tor getan hätte.

Abnehmender Mond ☾

Der Mond setzt zum Endspurt seiner Runde an. Seine Kräfte sind jetzt auf Abgeben, Austauschen und das Freisetzen von Energien gerichtet. Körper und Seele Ihres Hundes sind in dieser Mondphase in Hochform, er ist zu Höchstleistungen fähig. Das ist die günstigste Zeit, um mit Ihrem Hund an Prüfungen oder Ausstellungen teilzunehmen! Er ist motiviert und vital, und hat bei abnehmendem Mond gute Chancen auf eine Platzierung.

Eine Behandlung von Hautkrankheiten oder Fellproblemen verspricht jetzt gute Erfolge. Hautöle, Shampoos und Bürstmassagen entfalten ihre volle Wirkung. Die beste Erfahrung habe ich mit Neemöl gemacht. Als reines, unvermischtes Öl ist es ungiftig und kann gut auf offene Wunden und Ekzeme aufgetragen werden (erhältlich unter www.echt-hundgerecht.de).

Übergewichtige Hunde haben jetzt die beste Chance, ihr Gewicht zu reduzieren, sofern wir ihnen dabei helfen. Das bedarf während des abnehmenden Mondes nicht einmal einer Einschränkung. Füttern Sie ballaststoffreiche Nahrung, die den Darm anregt und die Ausscheidung über Leber und Niere aktiviert. Dazu gehören Kürbis, Papaya, Löwenzahn, Brennnessel, Petersilie und geschrotete Samen von Chia oder Lein.

Auch Trennungen kann Ihr Hund in dieser Zeit besser verkraften. Wenn ein Klinikaufenthalt oder die Unterbringung in einer Tierpension ansteht, dann meistern Sie und Ihr Hund diese schwierige Situation bei abnehmendem Mond am besten.

Hunde, die bei abnehmendem Mond geboren sind, haben viel Ausdauer, sind zuverlässige Begleiter und vollbringen bessere Leistungen als viele ihrer Artgenossen.

Diese Mondphase ist die beste Zeit für Operationen und medizinische Eingriffe. Die Wunden bluten weniger und heilen besonders schnell.

Ich kann das aus eigener Erfahrung bestätigen. Mein jüngerer Rüde musste wegen Blasensteinen operiert werden. Natürlich habe ich den abnehmenden Mond als Termin gewählt. Die Wunde war nach wenigen Tagen verheilt und es war nie eine Narbe zu sehen! Sein Bauch ist völlig glatt, als ob es nie eine OP gegeben hätte. Und der Schnitt war immerhin 10 cm lang.

Im folgenden Kapitel erfahren Sie, welche Körperbereiche den einzelnen Tierkreiszeichen zugeordnet werden. Dieses Wissen kann Ihnen für medizinische Belange sehr hilfreich sein.

Zusammenfassende Mondphasenregel für die Gesundheit Ihres Hundes

Was seinen Körper stärken soll, wirkt intensiver bei zunehmendem Mond. Dazu gehören z. B. Spülungen für glänzendes Fell, Massagen, Sitzbäder oder stärkende Kräutertees. Was dem Körper entzogen werden soll, gelingt leichter bei abnehmendem Mond. Dazu gehören medizinische Eingriffe, Entgiftungen, Diäten oder Entschlackungskuren.

Wie der Mond und seine Elemente auf den Organismus wirken

Ist Ihnen schon einmal aufgefallen, wie exakt und fast auf die Minute genau, Ihr Hund täglich auf sein Fressen wartet? Das hat nichts mit Zauberei zu tun. Ihr Hund kennt auch nicht die Uhrzeit. Es ist einzig sein Biorhythmus und seine innere Uhr, die, im Gegensatz zu der vieler Menschen, noch funktionieren. Biorhythmus und innere Uhr sind auf die Gravitationskräfte des Mondes zurückzuführen. Auch verträgt der Organismus Ihres Hundes bestimmte Nährstoffe an manchen Tagen besser, an anderen überhaupt nicht. Das Resultat ist, dass Sie Ihrem Liebling das tollste Schlemmermenü vorsetzen können, er rührt es einfach nicht an. Ihr Hund weiß genau, was ihm guttut, wir Menschen haben dieses Gefühl leider zum größten Teil verloren. Beginnen Sie damit, Ihren Hund zu beobachten, und achten Sie ab morgen mehr auf sein Fressverhalten. Anhand Ihrer gewonnenen Erfahrungen können Sie Ihren Hund bald abwechslungsreich und ausgewogen ernähren, genauso wie sich selbst.

Vier Elemente beeinflussen die Nahrungsverwertung

Die Lehre der vier Elemente wurde bereits in der Antike erstellt. Sie ist bis heute ein wichtiger Aspekt in der Astrologie. Die Elemente der Tierkreiszeichen sind Feuer, Erde, Luft und Wasser. Sie werden von jeher als die Grundbausteine des Lebens bezeichnet. Die Kräfte des Mondes wirken über die Einflüsse der Tierkreiszeichen.

Jeweils drei der zwölf Tierkreiszeichen gehören demselben Element an und tragen ganz bestimmte Eigenschaften ihres Elementes in sich. Diese Besonderheiten haben nicht nur Einfluss auf unser Temperament und unsere Persönlichkeit. Die Elemente besitzen auch unterschiedliche Effekte bei der Aufnahme und Verdauung von Nahrung. Der Organismus reagiert an bestimmten Tagen auf spezielle Nährstoffe in besonderer Weise. Das heißt, er verstoffwechselt die Nährstoffe Eiweiß, Salz, Fett, Kohlenhydrate entweder besonders gut oder überhaupt nicht. Das ist bei allen Lebewesen individuell verschieden. Sie müssen das bei Ihrem Hund bitte austesten.

In der nachfolgenden Tabelle sehen Sie Details über das Zusammenspiel der Tierkreiszeichen mit den Elementen, welcher Planet den jeweiligen Tierkreiszeichen zugeordnet wird, welcher Körperbereich an diesen Tagen besonders beachtet werden sollte und welches Pflanzenteil zu dem Tierkreiszeichen gehört. In Mondkalendern können Sie sogar online herausfinden, wann welches Tierkreiszeichen vom Mond durchlaufen wird.

Nutzen Sie ruhig den Mondzyklus für Ihren Alltag. Durch eigene Beobachtungen und individuelle Erfahrungen können Sie die Auswirkungen der Mondphasen erspüren und für das gemeinsame Leben mit Ihrem Hund einsetzen.

Tabelle 1: Die zwölf Tierkreiszeichen mit ihren jeweiligen Elementen, Planeten und der zugeordneten Nahrung

Tierkreiszeichen	Körperbereich	Element	Planet	Nahrung	Pflanzenteil
Widder	Kopf, Nase, Augen	Feuer	Mars	Eiweiß	Frucht
Stier	Kiefer, Hals/Nacken, Ohren	Erde	Venus	Salze	Wurzel
Zwillinge	Schulterbereich, Bronchien, Vorderbeine, Vorderpfoten	Luft	Merkur	Fette	Blüte
Krebs	Leber, Magen, Lunge, Galle	Wasser	Mond	Kohlenhydrate	Blatt
Löwe	Herz, Kreislauf, Blutdruck	Feuer	Sonne	Eiweiß	Frucht
Jungfrau	Verdauung, Stoffwechsel	Erde	Merkur	Salze	Wurzel
Waage	Nieren, Blase, Hüftbereich	Luft	Venus	Fette	Blüte
Skorpion	Fortpflanzungsorgane, Harnleiter	Wasser	Pluto	Kohlenhydrate	Blatt
Schütze	Oberschenkel hinten, Venen	Feuer	Jupiter	Eiweiß	Frucht
Steinbock	Haut, Knochen, Knie	Erde	Saturn	Salze	Wurzel
Wassermann	Unterschenkel hinten, Venen	Luft	Uranus	Fette	Blüte
Fische	Hinterpfoten, Krallen, Zehen	Wasser	Neptun	Kohlenhydrate	Blatt

Die Feuerzeichen (Widder, Stier, Schütze) sind der Farbe ROT zugeordnet und versinnbildlichen einen starken Willen und Tatendrang. Das Feuer steuert die Eiweißaufnahme und -verwertung im Körper. An diesen Tagen kann Ihr Hund eiweißhaltige Nahrungsmittel wie Joghurt oder Fleisch besonders gut verdauen. Auf dem Speiseplan sollten also Fisch, Fleisch, Quark oder Haferflocken stehen. Der Mond beeinflusst an den „Feuertagen" das Fruchtgemüse und fördert zugleich dessen Bekömmlichkeit. Ihr Hund wird an solchen Wärmetagen Kürbis, Zucchini, Paprika, Banane, Birne, Feigen, Äpfel oder Melone besonders gern fressen.

Die Erdzeichen (Stier, Jungfrau und Steinbock) sind der Farbe GRÜN zugeordnet und versinnbildlichen Dauerhaftigkeit und Stabilität. Die Erde beeinflusst die Salz- und Mineralienverwertung der Nahrung. Da Hunde ja salzlos gefüttert werden sollen, liegt der Schwerpunkt an diesen Tagen bei den Mineralien und den Nahrungsergänzungsmitteln. Falls Sie hin und wieder ein Stück Schinken oder Fleischwurst mit Ihrem Hund teilen, so wird er das darin enthaltene Salz an diesen Tagen besser vertragen als an anderen. Wichtiger für Ihren Hund ist aber die Wirkung des Mondes auf alle Arten von Wurzelgemüse. Füttern Sie daher vorwiegend Kartoffeln, Schwarzwurzeln, Karotten, Knoblauch, Kohlrüben, Rote Bete, Steckrüben oder Knollensellerie.

Die Luftzeichen (Zwilling, Wassermann, Waage) sind der Farbe GELB zugeordnet und verkörpern die Weiterentwicklung und den Intellekt. Die Luftzeichen bewirken eine gute Verträglichkeit und Verdauung von Fetten. Bei übergewichtigen Hunden sollten an diesen Tagen fetter Käse, Wurst und Speck vom Leckerli-Plan verbannt werden. Bitte auch das Fleisch zum Füttern nur in ganz wenig Butter braten oder am besten nur kurz mit heißem Wasser überbrühen. An Lufttagen begünstigt der Mond das Wachstum von Blütengemüse und intensiviert damit die Verträglichkeit von Artischocken, Fenchel oder Kürbis.

Die Wasserzeichen (Krebs, Skorpion und Fische) sind der Farbe BLAU zugeordnet und stehen für Emotionen und Einfühlungsvermögen. Das Wasser wirkt auf die Verwertung der Kohlenhydrate beim Stoffwechsel. Wenn Ihr Hund zu dick ist, reduzieren Sie an Wassertagen die Kohlenhydrate im Futter. Verzichten Sie auf Kartoffeln oder Reis. Geben Sie einfach nur Fleisch und frisches Gemüse. Genau so, wie es Hunden in der Natur zur Verfügung steht. Eigentlich sind Kohlenhydrate nur Füllmittel, die wir dem Futter aus Kostengründen hinzufügen. Hunde sind Fleischfresser. Füttern Sie an diesen Tagen viel rohes Grünzeug zum Fleisch, da die Wassertage alle Arten von Blattgemüse begünstigen. Spinat, Petersilie, Sellerieblätter, Chicorée, Dill, Basilikum und andere Kräuter bekommen Ihrem Hund dann ausgezeichnet.

Die Wirkung der Elemente auf die inneren Organe

Die inneren Organe Ihres Hundes sind in die komplexen Systeme der Natur eingebunden. Jede Zelle, jedes Organ und alle Vorgänge in seinem Körper funktionieren nach vorhersehbaren Rhythmen, es gibt Perioden von dynamischer Aktivität und Zeiten der Stille. Die Organe Ihres Hundes arbeiten nur zwei Stunden täglich auf Hochtouren, danach brauchen sie eine Ruhephase und schalten auf Sparflamme um.

Die wichtigsten Impulsgeber dafür sind die regelmäßigen Zyklen von Sonne, Mond und Jahreszeiten. Diese Funktionen sind also nicht allein dem Mond zugeordnet, aber ich halte es für hilfreich, sie hier trotzdem mit aufzuführen.

Daher sind Sitzbäder, heilende Tees und selbst Medikamentengaben oft effektiver, wenn sie, auf bestimmte Organe bezogen, zu den entsprechenden Zeiten verabreicht werden. Die Hochphase des Magens liegt z. B. zwischen 07.00 und 09.00 Uhr, und erreicht in der Zeit von 19.00 bis 21.00 Uhr abends ihren absoluten Tiefpunkt. Die passive Phase liegt bei allen Organen immer genau zwölf Stunden nach der aktiven Phase. Im Allgemeinen ist die beste Zeit, um ein Zuviel zu behandeln, kurz vor oder während der aktiven Phasen. Bei Bluthochdruck z. B. wäre das in der Zeit von 10.00 bis 13.00 Uhr. Wohingegen Sie Mängel besser nach einem aktiven Zeitpunkt behandeln.

Bei niedrigem Blutdruck dagegen wäre 13.00 bis 14.00 Uhr günstiger. Sie können also positiv auf Wohlbefinden und Gesundheit Ihres Hundes einwirken, wenn Sie die Spitzenzeiten der einzelnen Organe kennen, denn dann wirken Heilmittel, Tees oder Medikamente am intensivsten.

Wann die inneren Organe Ihres Hundes zu Hochform auflaufen, sehen Sie hier zusammengefasst. Während der Sommerzeit ziehen Sie bitte die vorgestellte Stunde wieder ab.

Tabelle 2: Aktivzeiten der Organe

Leber	01.00–03.00
Lunge	03.00–05.00
Dickdarm	05.00 – 07.00
Magen	07.00–09.00
Bauchspeicheldrüse, Milz	09.00–11.00
Herz	11.00–13.00
Dünndarm	13.00–15.00
Harnblase	15.00–17.00
Nieren	17.00–19.00
Kreislauf	19.00–21.00
Dreifacher Erwärmer	21.00–23.00
Gallenblase	23.00–01.00

01.00–03.00 Uhr – Aktivzeit der Leber
Das Entgiftungsorgan arbeitet jetzt intensiv am Abbau von Stoffwechselschlacken und schädlichen Substanzen.

03.00–05.00 Uhr – Aktivzeit der Lunge
Hunde mit Wasserlunge oder Herzklappen-Insuffizienz müssen nachts häufig um diese Zeit husten, weil jetzt das Wasser im Körper die Lungenflügel erreicht und die Lunge auf Hochtouren arbeitet.

05.00–07.00 Uhr – Aktivzeit des Dickdarms
Die beste Zeit zum Gassi gehen und Häufchen machen.

07.00–09.00 Uhr – Aktivzeit des Magens
Bei gesunden Hunden empfiehlt sich eine Fütterung während dieser Zeit.

09.00–11.00 Uhr – Aktivzeit der Bauchspeicheldrüse
Jetzt arbeitet die Bauchspeicheldrüse auf vollen Touren und setzt die meisten Enzyme frei. Die Verdauung ist in vollem Gang. Folge davon ist eine gewisse Trägheit, die man am Vormittag bei fast allen Hunden beobachten kann.

11.00–13.00 Uhr – Aktivzeit des Herzens
Das Herz arbeitet 24 Stunden täglich und sollte im Zeitraum seiner Höchstleistung geschont werden. Training, Prüfungen, Stress oder Operationen sollten nie um diese Zeit stattfinden.

13.00–15.00 Uhr – Aktivzeit des Dünndarms
Der Dünndarm benötigt in dieser Zeit eine optimale Blutversorgung. Sport, Auslauf oder Training sollten deshalb um diese Uhrzeit unterbleiben.

15.00–17.00 Uhr – Aktivzeit der Blase
Die Blase spielt eine wichtige Rolle bei der Entgiftung des Körpers. Diese innere Reinigung kann mit harntreibenden Tees (Brennnessel, Löwenzahn, Birkenblätter) beschleunigt werden. Geben Sie den Tee zum Futter und füttern Sie Ihren Hund gegen 17.00 Uhr, um einen maximalen Effekt zu erreichen. Wenn Sie Ihren Hund anschließend noch mit einer entspannenden Massage verwöhnen, erzielen Sie schnellere Resultate bei der Entgiftung seines Körpers.

17.00–19.00 Uhr – Aktivzeit der Nieren

Die Nieren erfüllen lebenswichtige Aufgaben wie die Ausscheidung von Stoffwechselschlacken, die Regelung des Wasserund Elektrolythaushaltes und die Konstanthaltung des Säure-Basen-Gleichgewichts im Körper. Um Steinleiden oder Niereninsuffizienz zu verhindern, sollte Ihr Hund in dieser Zeit sehr viel trinken und ausreichend Bewegung haben.

19.00–21.00 Uhr – Aktivzeit des Kreislaufs

Zeit für Entspannung, gemeinsames Kuscheln, Massagen und Ruhe.

21.00–23.00 Uhr – Aktivzeit des Dreifachen Erwärmers

Er reguliert das Zusammenspiel von Herz, Lunge, Bauchspeicheldrüse, Leber und Niere.

23.00–1.00 Uhr – Aktivzeit der Gallenblase

Gallensteine kommen am häufigsten bei etwas übergewichtigen Tieren im fortgeschrittenen Alter vor. Sollte Ihr Hund Probleme mit der Galle haben, verhält er sich während dieser Zeit extrem unruhig.

Artgerechte Ernährung nach dem Mond

Hunde sind Beutejäger und damit in erster Linie Fleischfresser. Wenn in kargen Zeiten nicht genug Beute zu erlegen ist, fressen sie auch Beeren, Pflanzenteile oder Abfälle aller Art. Seit Tausenden von Jahren ist der gesamte Stoffwechsel bei Hunden auf die Verdauung roher Nahrung eingestellt. Kiefer, Speichel, Verdauungssystem, Darmflora, innere Organe, und Magen-Darm-Trakt sind daran angepasst, *rohes* Fleisch und *rohe* Knochen zu zerkleinern, aufzuspalten und zu verdauen. Der Mensch ist das einzige Lebewesen im Universum, das seine Nahrung vor dem Verzehr erhitzt. Keine andere Spezies, ob Fische, Vögel oder andere Säugetiere würden ihr Futter jemals kochen!

Kochen kann für uns Menschen die Verdaulichkeit mancher Speisen erleichtern, zerstört aber gleichzeitig wertvolle Inhaltsstoffe. Bei unseren Hunden entstehen während der Verdauung erhitzter Nahrung sogar Nebenprodukte, die ihr Darm nicht verarbeiten kann, und die als Schlacken im Körper bleiben. Auch wenn es Ihnen etwas abnorm vorkommt – aber das beste Futter für Ihren Hund ist immer noch rohes Fleisch und rohe Knochen. Denken Sie an einen Wildpark oder Zoo. Dort kocht niemand für die Eisbären, Füchse oder Löwen. Alle fleischfressenden Tiere werden artgerecht mit rohem Fleisch oder kleinen Beutetieren gefüttert.

Wie viel Futter braucht Ihr Hund

Die tägliche Futtermenge eines erwachsenen Hundes sollte cirka 2–3 % seines Körpergewichts betragen. Einem Hund mit 30 kg Gewicht füttern Sie also ca. 600–900 g Futter pro Tag. Ein Welpe bis vier Monate braucht täglich ca. 8–10 % seines aktuellen Körpergewichts. Sehen Sie diese Mengen aber bitte nicht zu schematisch. Alle Angaben hier sind Durchschnittswerte. Den exakten Nahrungsbedarf müssen Sie individuell errechnen. Er richtet sich immer nach Alter, Temperament, körperlicher Auslastung, Appetit, Stoffwechsel oder Gesundheitszustand Ihres Hundes. Prinzipiell gilt: Sie dürfen die Rippen Ihres Hundes fühlen, aber nicht sehen. Hundenahrung sollte idealerweise aus 70 % Fleisch, 20 % Gemüse/Kräutern und 10 % anderen Bestandteilen bestehen. Für Besitzer eines 60 kg schweren Mastiffs bedeuten diese Angaben fast 1 kg Fleisch täglich!

Für viele Hundebesitzer ist das finanziell absolut unmöglich. Nach meiner Erfahrung sind diese Werte für Familienhunde ohne besondere körperliche Belastungen auch nicht nötig. Meine Hunde sind zwischen neun und elf Jahren alt, wiegen alle ungefähr 20 kg, und bekommen jeder ca. 200 g Fleisch pro Tag zu fressen. Alle sind gesund und aktiv. Für einen normalgewichtigen Mops können 100 g Fleisch pro Tag durchaus reichen (Das sind ca. fünf Esslöffel). Diese Mengen mögen allerdings für einen Sport-, Jagd- oder Diensthund zu dürftig sein.

Es liegt wirklich in Ihrem Ermessen, wie viel der einzelnen Nahrungsbestandteile Sie füttern. Entscheidend sind zweifellos die körperliche Verfassung und die Lebensumstände Ihres Hundes. Futter ist auch nicht die einzige Basis für einen gesunden Hund. Genauso wichtig sind regelmäßige Bewegung, mentale Auslastung, eine enge Bindung zum Besitzer und ganz viel Liebe. Falls Ihr Hund oft verwöhnt wird, rechnen Sie bitte auch die Leckerlis und andere Extras in die Futtermenge mit ein. Sie sind dann Teil der Ernährung.

So bleibt Ihr Hund gesund

Kohlenhydrate
Reis, Hirse, Quinoa

+

Proteine
Fleisch, Fisch, Quark

Fette
Kokosöl, Butter,
Gänsefett

Zusätzlich geben Sie eine der folgenden Komponenten:

oder

Mineralien
Rohes Gemüse
püriert

Vitamine
Frisches Obst
püriert

Allgemeine Fütterungsempfehlungen

Bei zunehmendem Mond sollten Sie verstärkt gehacktes rohes Gemüse und Obst füttern oder als Belohnung verwenden. Da Kohlenhydrate und fettreiche Leckerlis Ihren Hund jetzt besonders schnell dick machen könnten. Bei abnehmendem Mond dagegen können Sie durchaus einmal Ihr

Kartoffelgratin mit Ihrem Hund teilen, das setzt sich in dieser Mondphase nicht gleich an seiner Taille fest. Wenn er allerdings bereits zu dick ist, füttern Sie bitte hauptsächlich Fleisch und Gemüse, und verzichten auf Kohlenhydrate und Fette, um seine Figur wieder zu normalisieren.

Im Folgenden beschreibe ich, welche Nahrung zu welcher Zeit am besten vertragen wird, siehe auch Tabelle S. 33.

Kohlenhydrat-Tage (Krebs, Skorpion, Fische): Der Körper braucht Kohlenhydrate als Energieträger. Reis oder Hirse entfalten jetzt ihre ganze Kraft. Falls Ihr Hund an Verdau ungsstörungen oder Übergewicht leidet, füttern Sie an die sen Tagen möglichst keine toten Kohlenhydrate wie Pizza oder Nudeln.

Fett-Tage (Zwillinge, Waage, Wassermann): Die Fettaufnahme wird intensiviert, Kokosöl oder Butter werden bestens verwertet.

Aber zu viele Salamistückchen oder Camembert-Häppchen können Ihren Hund sehr schnell dick machen.

Eiweiß-Tage (Widder, Löwe, Schütze): Der Körper reagiert jetzt besser auf eiweißreiche Nahrung als an anderen Tagen. Fleisch, Fisch oder Quark werden also besonders gut verdaut und wirken sich positiv auf Muskeln, Knochen und Hautzellen Ihres Hundes aus.

Salz-Tage (Stier, Jungfrau, Steinbock): Der Körper kann jetzt Salze und Mineralien gut verwerten. An diesen Tagen entfalten Nahrungsergänzungsmittel, Schüssler Salze und Mineraltabletten ihre optimale Wirkung.

Welches Futter ist gut für Hunde

Das Geheimnis zur Gesundheit Ihres Hundes liegt in der Art seiner Ernährung, und was Sie ihm füttern. Frische, natürliche Nahrung wird den Stoffwechsel Ihres Hundes anregen, seine Hormone regulieren und seine Darmflora aufbauen. Das wiederum bewirkt, dass der Körper Ihres Hundes schädliche Keime, Bakterien und Krankheitserreger ganz natürlich abwehren und bekämpfen kann, bevor sie sich im Körper ausbreiten. Geben Sie Ballaststoffe und faserreiche Nahrungsmittel, um Ihren Hund gesund zu halten. Sie können drei bis vier Tage die gleiche Art Fleisch oder Gemüse füttern, aber danach wechseln Sie bitte, wenn möglich. Sie müssen nicht extra für Ihren Hund einkaufen gehen. Das meiste (Reis, Knoblauch, Äpfel, Karotten usw.) haben Sie zumeist sowieso vorrätig zu Hause.

Nehmen Sie einfach, was da ist, und variieren Sie ganz nach Ihrer Phantasie. Geraten Sie nicht in Panik, wenn einmal kein Gemüse oder Fleisch vorhanden ist. In freier Natur haben Tiere auch nicht täglich sämtliche Nahrungsbestandteile zur Verfügung. In solchen Fällen können Sie mit einem Rührei oder etwas geriebenen Käse improvisieren. Es gibt übrigens keine Studien darüber, dass Käse die Geschmacksnerven eines Hundes zerstört. Fast alle Hunde lieben Käse. Außerdem können Sie mit etwas Käse den Kalziumbedarf Ihres Hundes am einfachsten und preiswertesten abdecken.

Wichtig ist nur eines: Verzichten Sie in Zukunft wirklich auf alles, was im weiteren Verlauf des Buches in der Liste der zu meidenden Nahrungsmittel aufgeführt ist. Alles andere ist oft – wie beim Menschen – eine Frage des Geschmacks.

Es gibt Hunde, die lieben Bananen, andere riechen noch nicht einmal daran. Das liegt daran, dass der natürliche biologische Instinkt bei Hunden noch vorhanden ist. Entweder

haben sie im Welpenalter niemals die Bekanntschaft mit Bananen gemacht und identifizieren sie daher später auch nicht als essbar. Oder sie verschmähen sie, weil der Körper die Inhaltsstoffe nicht benötigt. Bananen haben einen hohen Kaliumgehalt. Wenn im Körper kein Kaliummangel vorliegt, fressen Hunde auch keine Bananen. Oder der Geruch der Banane aktiviert die Geschmacksnerven überhaupt nicht, da können Sie nichts machen. Vielleicht mag er ja Wassermelone umso lieber. Probieren Sie es aus und experimentieren Sie, um herauszufinden, was Ihr Hund mag und braucht.

Gesunde Nahrung für Hunde

Als Richtlinie wählen Sie pro Mahlzeit drei der fünf folgenden Komponenten:

Basisnahrung: Gekochte Kartoffeln, Amaranth, Buchweizen, Hirse, Reis (ungeschält), Quinoa, gequollene Haferflocken.

Fleisch (roh oder nur leicht erhitzt): Schlund, grüner Pansen, Ente, Kaninchen, Truthahn, Lamm, Fischfilet, Pferd, Meeresfrüchte oder Rindfleisch. Natürlich können Sie auch Schwein füttern, Herz und Zunge schmecken Hunden besonders gut. Schweinefleisch ist jedoch das einzige Fleisch, das Sie sehr gut kochen müssen, und niemals roh füttern sollten! Es kann mit dem Aujeszky Virus infiziert sein, der allerdings durch Kochen zerstört wird. Innereien geben Sie einmal pro Woche. Auf billiges Huhn aus dem Supermarkt sollten Sie ganz verzichten.

Rohes Gemüse: Petersilie, Möhren, Brunnenkresse, Sellerie, Löwenzahn, Brennnessel, Paprika, Zucchini, Fenchel – sind alles wertvolle Antioxidantien für den Körper. Drei bis vier Knoblauchzehen pro Woche und gelegentlich etwas geriebenen Ingwer halten Magen und Darm gesund. Auch frische Kräuter wie Basilikum, Dill, Salbei oder Koriander wird Ihr Hund gerne fressen. Bitte kochen Sie das Gemüse und die Kräuter nicht! Für eine optimale Verdauung zerkleinern Sie das rohe Gemüse in einem Mixer und fügen es dem Futter Ihres Hundes bei.

Gemüse und Grünzeug muss immer zerkleinert werden, da Hunde die darin enthaltene Zellulose nicht verdauen können. Das Pürieren zerreißt die Zellwände dieser pflanzlichen Nahrungsmittel, wodurch sie vom Körper Ihres Hundes optimal aufgespalten und besser verdaut werden können. Machen Sie ruhig einen Test. Fügen Sie dem Futter Ihres Hundes versuchsweise klein geschnippelte Karottenstücke zu. Diese werden am nächsten Tag unverdaut hinten wieder herauskommen. Denn, wie eingangs bereits erwähnt, Hunde sind keine Pflanzenfresser, sondern Fleischfresser.

Früchte: Kokosraspel, Apfel, Banane, Wassermelone, Papaya, Birne oder Kürbis werden von den meisten Hunden gern gefressen.

Molkereiprodukte: Naturjoghurt, Quark, Ziegenkäse, Kefir oder Hütten-Käse sind immer willkommen.

Nahrung, die Ihr Hund meiden sollte

Kommerzielle Hundefutter und Leckerlis, Futtermittel die u. a. folgende Bestandteile enthalten:

* Fleisch-Beiprodukte, Geflügel-Beiprodukte, Fleischmehl, Weizenmehl, Gluten, Bierhefe (nicht zu verwechseln mit Frischhefe!), Aromastoffe, Farbstoffe, BHA, BHT, Ethoxyquin
* Hühnerfleisch, Schinkenspeck, Corned-Beef, nitrithaltige Wurst, gepökeltes Fleisch, rohes Eiweiß
* Zwiebeln, Tomaten, Gurken, Pilze, Avocado, Salz, Ketchup, Weintrauben, Rosinen
* Zucker, Saccharose, Fruchtzucker, Maissirup, Obstsäfte, Honig, Schokolade, Ahornsirup, Milch, Kakao, Weißbrot, Kekse, Kuchen, Erdnüsse, Soja und Soja-Produkte (in Fertigfutter oft deklariert als pflanzliches Eiweiß)

Interessante zusätzliche Fütterungs-Tipps

Sie können das Futter mit einigen Zusätzen wie Kokosöl oder Leinöl, Eigelb, Seegras, Hefeflocken (keine Bierhefe!)

oder Lecithin verfeinern. Versuchen Sie Apfel, Banane oder Wassermelone als Belohnungshäppchen zu benutzen, anstatt kommerzieller Leckerlis. Das funktioniert ausgezeichnet und ist viel gesünder.

Auch ein paar Körner wie Sonnenblumenkerne, Kürbiskerne oder Leinsamen werden Ihrem Hund gut bekommen. Allerdings müssen sie erst gemahlen werden, um eine optimale Verdauung zu garantieren.

Wenn Ihr Hund frisches Futter am Anfang ablehnt (einige Hunde mögen den Geruch von Gemüse nicht), fügen Sie einen Klecks frischer Butter oder Leberwurst hinzu ... und Ihr Hund wird es lieben! Wechseln Sie auch nicht abrupt. Erhöhen Sie allmählich den Anteil an Frischfutter, dann klappt die Umstellung besser.

Mixen Sie Smoothies

Wenn Sie für Ihren Hund wegen seiner geringen Körpergröße täglich nur zwei, drei Esslöffel Gemüsebrei benötigen, ist es praktischer einen großen Smoothie zu mixen und in kleine Portionen abgepackt einzufrieren. Das Gleiche können Sie mit den oben aufgeführten Früchten machen.

Trennen Sie die Kost

Wollen Sie ganz sicher gehen, dann mischen Sie nicht Fleisch mit Getreide, da beides vom Hund unterschiedlich verdaut wird. Geben Sie eine Mahlzeit Fleisch und Gemüse, zur nächsten Fütterung mischen Sie Getreide mit Gemüse oder Obst.

Fragen Sie bei der Zubereitung ruhig auch mal Ihre eigenen Geschmacksnerven. Mischen Sie also nicht Knoblauch mit Banane, wenn Ihnen das selbst komisch vorkommt. Es könnte passieren, dass Ihr Hund solche Mischungen rigoros ablehnt.

Was spricht gegen Hühnerfleisch?
Gegen Fleisch von wirklich glücklichen Hühnern ist nichts einzuwenden. Aber Hühner in Mastbetrieben werden mit Hormonen und Antibiotika zu schnellem Wachstum angeregt. Beide Mittel bleiben auch nach der Schlachtung im Fleisch und werden selbst durch Kochen nicht zerstört!

Getreide ja oder nein?
Es ist für mich absolut unlogisch, warum Hunde kein Getreide fressen sollen. Fleischfresser ernähren sich von Beutetieren und diese sind in der Regel Pflanzenfresser. Wenn ein Wildhund ein Huhn erlegt und frisst, nimmt er auf alle Fälle Getreidebestandteile aus dem Magen-Darm-Trakt des Beutetieres mit auf. Schließlich ernährt sich ein normales Huhn von Körnern.

Aber wir müssen gar nicht zu wild lebenden Tieren ausschweifen. Ich habe mal einen Golden Retriever beobachtet, wie er ein Huhn gejagt und sofort genüsslich gefressen hat, samt Knochen, Federteilen und Körnern im Bauch! Das gab zwar eine Menge Ärger mit dem Bauern, aber dem Hund hat es geschmeckt.

Ein gesunder Hund kann durchaus etwas Getreide vertragen und verdauen. Kranke Hunde hingegen oder Hunde mit sensiblem Verdauungssystem können eventuell allergisch darauf reagieren. Das ist verständlich, aber kein Grund zur Verallgemeinerung. Sicher, im Magen oder Darm der Beutetiere ist das Getreide vorverdaut, das können wir unseren Hunden nicht bieten. Aber wenn Sie nur die obengenannten glutenfreien Getreideprodukte füttern, machen Sie es schon richtig.

Sollte Ihr Hund allergisch darauf reagieren, verzichten Sie natürlich auf jegliches Getreide und füttern nur Fleisch, Molkereiprodukte und Gemüse.

Haferflocken zum Heilen

Hafer enthält so wenig Gluten, dass er manchmal sogar bei den glutenfreien Getreiden genannt wird. Deswegen führe ich Haferflocken in meinen Listen mit auf. Hunde können sie problemlos einmal pro Woche vertragen. Sie fördern die Verdauung und regulieren den Säure-Basen-Gehalt im Körper. Obendrein ist Hafer reich an B-Vitaminen, enthält fast zwölf Prozent Eiweiß und einen sehr hohen Anteil wertvoller Mineralstoffe wie Zink und Magnesium. Diese Inhaltsstoffe sind besonders wichtig und empfehlenswert für Hunde mit Hautkrankheiten.

BARF

Der Begriff BARF stößt bei Hundebesitzern entweder auf totale Ablehnung, auf schwankende Unsicherheit oder auf helle Begeisterung. Der Begriff steht für biologisch artgerechte Rohfütterung. Was heißt das, artgerecht und roh? Sollen Sie Ihrem Hund etwa lebende Hühner in den Zwinger geben, damit er sie selber fängt, wenn er Hunger hat? Oder müssen Sie Kaninchen zu Hause schlachten, damit Ihr Hund sie schlachtfrisch auf dem Perserteppich zerteilen kann? Es ist nichts von alldem! BARF heißt, den Hund so zu ernähren, wie es von der Natur vorgesehen ist, nämlich mit unbehandelten Nahrungsmitteln.

Biologisch artgerechte Nahrung besteht also aus rohen Bestandteilen, die möglichst ähnlich jener Nahrung sind, von der sich bereits die Vorfahren unserer Hunde ernährt haben. Dazu gehört rohes Fleisch, rohe Knochen, rohe Innereien wie grüner Pansen, frische Früchte und ungekochtes Gemüse. Dr. Billinghorst, Pionier der BARF-Theorie, hat bereits vor Jahren erkannt: „Je weiter die Nahrungszusammenstellung eines Tieres von seiner evolutionären Nahrung abweicht, desto mehr Gesundheitsprobleme können im Tier auftreten." Auch beim BARFen können Sie sich an die obengenannten Variationen halten. Es ist eine sehr einfache Art der Fütterung.

Genau betrachtet, ernähre ich mich selbst auch nach diesem Prinzip. Ich esse zwar kein rohes Fleisch, verzichte aber auf Fertignahrung. Auf meinem eigenen Speiseplan stehen hauptsächlich frische oder selbstgemachte Lebensmittel, zur Freude meiner Hunde. Denn die bekommen natürlich die Reste in ihren Napf, falls von meinen Pellkartoffeln oder dem Kräuterquark noch etwas übrigbleibt.

Macht rohes Fleisch meinen Hund aggressiv?

Nein, das ist absoluter Aberglaube! Aggressionen entstehen nicht durch Ernährung, sondern aufgrund von tiefen emotionalen Konflikten und Ängsten. Wenn diese Behauptung über rohes Fleisch richtig wäre, gäbe es keine Rudeltiere. Denn die einzelnen Rudelmitglieder würden sich in ihrer Aggression ja ständig gegenseitig angreifen und zerfleischen.

Allerdings trifft es zu, dass Ihr Hund sich verändern wird. Wenn sein Futter nicht mehr wie ein Wackerstein in seinem Bauch liegt, sondern vom Körper mühelos verdaut werden kann, dann wird er zu neuem Leben erwachen. Seine Vitalität wird steigen, er beginnt wieder zu spielen und zu rennen. Mit Fütterung von Frischfutter oder BARF kehren seine Lebensgeister zurück und Ihr Hund nimmt wieder aktiv am Leben teil, genau so wie damals, als er noch ein Welpe war.

Mein Hund bekommt Spezialfutter

Ich höre von Kunden immer wieder den Einspruch „Frischfütterung ist nicht nötig. Mein Hund bekommt die Marke
XYZ, deren Futter ist ja soooo gesund und frei von Schad-
stoffen."

Vergessen Sie es! Das sind Marketingtricks um an Ihr
Geld zu kommen. Ein natürliches Trockenfutter wäre ohne
künstliche Zusätze nach wenigen Wochen schimmelig. Die
chemischen Substanzen werden schon von den Zulieferern
beigemischt. Somit kann der eigentliche Hersteller seine
Hände in Unschuld waschen.

Denken Sie doch einmal daran, wie viele Zusatzstoffe bereits in unseren menschlichen Lebensmitteln oder Fastfoods
enthalten sind. Glauben Sie ernsthaft, dass Tierfutter quali-
tativ besser wäre? Außerdem: Wenn Trockenfutter so gesund ist und Frischfutter so schlecht, wie konnten dann
Hunde, Wölfe und andere Caniden ohne kommerzielles
Futter über Tausende Jahre unbeschadet überleben?

Früher war es anders

Ich bin in einer ländlichen Gegend aufgewachsen. Früher
gab es Hunde hauptsächlich bei Bauern oder Förstern. Hun-
dehaltung hatte einen Zweck. Wie kann es sein, dass vor
cirka 50 Jahren die Hunde auf den Bauernhöfen bis zu
20 Jahre alt wurden und kaum krank waren? Diese Hunde
wurden ausschließlich von Resten ernährt oder fingen sich
kleine Beutetiere. Ungefähr zu dieser Zeit hielt Fertigfutter
Einzug in unser Leben.

Woran liegt es wohl, dass die Lebenserwartung unserer
Hunde heute drastisch gesunken ist, und dass mittlerweile

fast jeder Hund an einer chronischen Krankheit leidet? Machen Sie sich dazu bitte Ihre eigenen Gedanken. Mein Rat ist immer wieder nur der eine: Wenn Sie möchten, dass Ihr Hund gesund wird oder gesund bleibt, lassen Sie die Hände von Fertigfutter, gleichgültig wie gesund, naturbelassen, speziell oder ausgewogen es Ihnen angepriesen wird. Füttern Sie Ihren Hund artgerecht und natürlich – mit frischem Fleisch und rohem Gemüse. Übernehmen Sie ab heute selbst die Verantwortung für seine Gesundheit. Hören Sie auf, die Futtermittelhersteller und die Pharmaindustrie entscheiden zu lassen, was gut ist für IHREN Hund. Gesunder Nebeneffekt: Frischfütterung ist viel billiger als Fertigfutter!

Warum ist Trockenfutter schädlich?

Die meisten Trockenfutter sind extrudiert. Das heißt, ihre Zutaten werden bis über 180° C erhitzt. Derartige Extremtemperaturen zerstören fast alle Nährstoffe, Enzyme oder Vitamine. Diesem toten Matsch werden dann künstlich erzeugte Vitamine beigefügt, die allerdings nicht wirken wie natürliche Vitamine, denn der Darm kann sie nicht aufnehmen. Man könnte sie also genausogut weglassen. Nur hätten die Firmen dann leider kaum mehr Inhaltsstoffe auf der Verpackung zu erwähnen ...

Während der Verdauung entstehen später Schlacken, die der Körper weder nutzen noch umwandeln kann. In den meisten Fällen werden sie über die Haut wieder ausgeschieden, wir nennen das dann Hautkrankheit.

Nachteilig ist auch, dass fast alle extrudierten Fertigfutter beim Stoffwechselprozess Zucker bilden. Dieser macht nicht nur „süchtig", sondern kann auch verschiedene Beschwerden wie Diabetes oder Gelenkerkrankungen verursachen. Beim Wechsel zu Frischfutter kommt es dann aufgrund des fehlenden Zuckers oft zu Durchfall oder anderen temporären „Entzugserscheinungen". Das irritiert viele Hundebesitzer und sie kehren dann doch wieder zum minderwertigen Chemiefutter zurück, leider. Ein primärer Mangel ist für mich auch die Verwendung von Rohstoffen der Kategorie 3 (Hufe, Klauen, Federn, Fette, Haut, Sehnen, Därme ...), also Körperteile, die Hunde in der Natur nicht fressen würden. Und all das ist offiziell erlaubt und genehmigt! Glauben Sie immer noch, dass in herkömmlichen Trockenfuttern alles drin ist, was unsere Hunde brauchen?

Aber am schlimmsten finde ich, dass die großen Futtermittelfirmen *Tierversuche* benutzen, um Fertigfutter herzustellen. Tausende Hunde und Katzen müssen qualvoll leiden und schmerzhafte Tests über sich ergehen lassen. Sie bekommen ohne Betäubung die Haut aufgeschnitten, um die Wirkung der Inhaltsstoffe in den offenen Wunden direkt körpernah zu testen. Firmen wie IAMS weigern sich bis heute, auf derartige Tests zu verzichten. Wie könnte ich mich Tierfreund nennen, wenn ich meinem Hund etwas füttern würde, das einem hilflosen Laborhund nicht nur die Gefangenschaft, sondern auch noch unnötige Qualen und Leid verursacht hat?

Wenn Frischfütterung nicht möglich ist

Sollten Sie absolut keine Möglichkeit haben, Ihren Hund frisch zu ernähren, wenn Sie sich vor Fleisch ekeln oder Veganer sind, überwinden Sie sich bitte zu einem Kompromiss. Das Gleiche gilt, wenn Sie mit Ihrem Hund auf Reisen sind: Füttern Sie wenigstens drei mal pro Woche Fleisch mit Gemüse. Die restlichen Tage geben Sie ein kalt gepresstes, getreidefreies Trockenfutter. Bei diesen Futtersorten bleiben Proteine und Enzyme zum Großteil erhalten und sie sind frei von sämtlichen Zusatzstoffen.

Die kleinen Sünden

Ich erwähne manchmal Lebensmittel wie Salami, Nudeln oder auch Pizza. Das heißt nicht, dass Hunde diese Sachen fressen sollen oder dass ich sie empfehle. Ich erwähne sie, weil ich weiß, dass Hunden diese Leckereien zugesteckt werden. Machen wir uns nichts vor, Hundebesitzer halten sich kaum an Verbote. Sie können nicht widerstehen, ihrem Vierbeiner eine Kostprobe von ihrem Nudelauflauf, Eisbein oder Heringssalat abzugeben, egal wie viele Bücher oder Ärzte davor warnen.

Falls Sie jetzt zustimmend mit dem Kopf nicken, gehören Sie wohl auch zu dieser Gruppe. Also erwähne ich lieber, wann Sie solche Naschereien besser einmal weglassen sollten. Die meisten Hunde bekommen sie nunmal, gleichgültig wie viele Experten davon abraten.

Der Hund einer Freundin findet nach einer geselligen Familienfeier immer eine Kugel Schokoladeneis in seinen Napf. Was soll ich dazu noch sagen? Am besten gar nichts, denn: „Er bekommt das ja nur heute, ausnahmsweise mal."

Was ist drin, in frischer Nahrung

Lebensmittel bestehen aus vielen verschiedenen Komponenten. Diese werden im Verdauungstrakt freigesetzt und danach verstoffwechselt, um dem Körper die erforderliche Energie zu liefern. Ich möchte Sie aber nicht mit Biochemie langweilen, sondern führe Ihnen hier zur Anschauung nur ein paar der vitamin- und mineralstoffreichen Lebensmittel auf, die Sie alle kennen.

Tabelle 3: Vitaminreiche Lebensmittel

Vitamine	Besonders enthalten in
A	Leber, Aal geräuchert, Karotten, Butter, Aprikosen getrocknet
B1	Schweinefleisch, Sonnenblumenkerne, Frischhefe, Sesam
B2	Leber, Quark, Eier, Fisch
Niacin	Fischfilet, Wild, Frischhefe, Kalbfleisch, Eier
B6	Lachs, Gans, Kartoffeln, Bananen, Haferflocken
B12	Muskelfleisch, Leber, Nieren, Quark
Pantothensäure	Eier, Reis, Frischhefe, Joghurt
Folsäure	Leber, Karotten, Frischhefe, Rote Beete, Fenchel
Biotin	Fisch, Eigelb, Sesam, Banane, Haferflocken
C	Petersilie, Paprika, Hagebutten, Sanddorn, Kartoffel
D	Wird hauptsächlich durch Sonnenlicht gebildet
E	Kokosöl, Palmöl, Sonnenblumenkerne, Haferflocken
K	Ei, Algen, Mangold, Quark

Fettanteil, Proteingehalt, Kalorienangaben oder andere Inhaltsstoffe sind zum Teil separat auf den Lebensmitteln selber ausgewiesen, deswegen erwähne ich sie hier nicht mit.

Tabelle 4: Lebensmittel, die reich an Mineralstoffen und Spurenelementen sind

Mineralstoffe	Besonders enthalten in
Kalzium	Sesam, Hartkäse, Quark
Kalium	Bananen, Sellerie, Karotten, Kartoffeln
Magnesium	Hirse, Leinsamen, Sonnenblumenkerne, Banane
Eisen	Leber, Innereien, Austern, Hirse
Jod	Fisch
Selen	Kokosnuss, Thunfisch, Sesam
Silicium	Kartoffeln, Haferflocken, Hirse, Karotten
Zink	Austern, Leber, Haferflocken

Achten Sie bei all der Fresserei bitte auch auf die richtige Flüssigkeitszufuhr. Ihr Hund benötigt circa 40 ml Wasser pro Kilo Körpergewicht, je nach Futterbeschaffenheit und Außentemperatur. Das sind bei einem 10 kg schweren Hund 400 ml, also fast ein halber Liter Wasser täglich! Ich erreiche diese Mengen bei meinen Hunden, indem ich ihr Futter sehr nass, fast suppenartig, zubereite. Wenn ich sie dann alle genüsslich schlabbern höre, freue ich mich und bin sicher, dass es ihnen schmeckt.

Fisch und Fleisch sind gute Vitaminlieferanten für Ihren Hund. Die Vitamine D und K werden im Körper selbst gebildet. Auch Vitamin A kann der Körper durch Umwandlung von Beta-Carotin eigenständig bilden. Allerdings ist für diesen Umwandlungsprozess Öl erforderlich. Wenn Sie Karottenmus füttern, fügen Sie bitte immer ein paar Tropfen Öl bei. Ich benutze Kokosöl. Die darin enthaltenen mittelkettigen gesättigten Fettsäuren sind besonders gut verdaulich. Außerdem bietet Kokosöl einen zusätzlichen Zeckenschutz von innen.

Es gibt natürlich noch weitere wichtige Stoffe. Doch die hier aufgeführten sind für die Gesundheit Ihres Hundes am wertvollsten. Mineralien kann der Körper nicht selbst bilden, sie müssen zugeführt werden. Bei abwechslungsreicher Ernährung entsteht normalerweise kein Mineralstoffmangel und Nahrungsergänzungen sind überflüssig. Denn, wie sagten die Menschen bereits im Altertum:

Lass Nahrung deine Arznei und Arznei deine Nahrung sein!

Hippokrates

Gesunder Hund, dank dem Mond

In der modernen Tiermedizin wurde das Wissen um die Zusammenhänge zwischen Mond und Gesundheit fast restlos verdrängt. Nur wenige Tierärzte (TA) empfehlen heute Tees oder warme Umschläge gegen Blasenentzündung. Ganz zu schweigen von dem Hinweis, den Tee nachmittags zu verabreichen, weil dann die Harnblase am aktivsten arbeitet und die Inhaltsstoffe am besten wirken können. Unsere Urgroßeltern waren mit der Natur noch stark verbunden und wussten, wie und wann die einzelnen Hausmittel am wirksamsten waren. Versuchen Sie es auch einmal. Achten Sie bei der nächsten Heilbehandlung Ihres Hundes nur auf den richtigen Tag. Es ist einfach, kostet Sie nichts und erzeugt keine Nebenwirkungen.

Was Sie bei medizinischen Eingriffen beachten sollten

Wie bereits erwähnt, sollten Sie operative Eingriffe und medizinische Maßnahmen nicht in den Tagen um Vollmond oder Neumond vornehmen lassen. Wenn Sie selbst den Zeitpunkt festlegen können, einigen Sie sich mit Ihrem TA auf die Tage des abnehmenden Mondes, weil dann die Infektionsgefahr am geringsten ist.

Auch die Belastung einer Narkose, den zusätzlichen psychischen Stress einer Operation und die eventuelle Unterbringung in einer Klinik wird Ihr Hund bei abnehmendem Mond leichter verkraften können. Durch den schnelleren Heilungsprozess sind sogar verbleibende Narben oftmals viel schwächer ausgebildet und später kaum mehr sichtbar.

Aber gleichgültig in welchem Körperbereich er behandelt werden muss, vermeiden Sie Eingriffe an Körperteilen, deren Tierkreiszeichen der Mond gerade durchläuft! Bereits Hippokrates im Altertum wusste das, als er sagte: „Berühre nicht mit Metall den Teil des Körpers, der vom Mond gerade regiert wird!"

Natürlich sind Notfälle immer ausgenommen! Wir reden hier nur von Behandlungen, deren Termin Sie frei wählen können.

Seit dem Altertum werden die Körperbereiche von Mensch und Tier bestimmten Tierkreiszeichen zugeordnet (siehe auch Tabelle 5). Darum wird seit jeher vermieden, Körperbereiche zu operieren, deren Tierkreiszeichen der Mond gerade durchläuft. Der günstigste Zeitpunkt ist, wenn der Mond am weitesten weg, also im gegenüberliegenden Zeichen steht. Absolut ungünstig für Ihren Hund sind allerdings Arztbesuche an Vollmond.

Solange es nicht um einen Notfall geht, haben Sie Einfluss auf den Behandlungstermin. Sollten Sie Angst haben, dass der TA Sie auslacht, erfinden Sie eine Ausrede, warum Sie auf einen ganz bestimmten Termin bestehen. Beruf, Familie, Autowerkstatt – es gibt viele Gründe für Terminabsprachen. Aber eigentlich müssen Sie Ihren Terminwunsch kaum jemals begründen, die meisten Tierärzte akzeptieren die Wünsche ihrer Kunden kommentarlos.

Bitte haben Sie Verständnis, dass ich hier im Buch nur Anregungen und Tipps geben kann. Wenn Sie detaillierte Informationen möchten, fragen Sie bitte in Ihrer Buchhandlung nach weiterführender Literatur oder schauen Sie im Internet nach entsprechenden Fachberatungen. Sicher finden Sie einen Tierheilpraktiker oder Tier-Ernährungsberater in Ihrer Nähe.

Tabelle 5: Gute und schlechte OP-Zeitpunkte für den Körper

Körperbereiche	Ungünstig für Operationen:	Bester OP-Zeitpunkt:
Kopf, Gesicht	Widder	Waage
Kiefer, Hals, Nacken	Stier	Skorpion
Schulterbereich, Vorderbeine, Vorderpfoten	Zwillinge	Schütze
Leber, Magen, Lunge, Galle	Krebs	Steinbock
Herz, Kreislauf, Blutdruck	Löwe	Wassermann
Verdauung, Stoffwechsel	Jungfrau	Fische
Nieren, Blase, Hüftbereich	Waage	Widder
Fortpflanzungsorgane, Harnleiter, Darmbereich	Skorpion	Stier
Oberschenkel hinten, Venen	Schütze	Zwillinge
Haut, Knochen, Knie gesamt	Steinbock	Krebs
Unterschenkel, Gelenke, Achillessehne	Wassermann	Löwe
Hinterpfoten, Krallen, Zehen	Fische	Jungfrau

Natürliche Zahnpflege

Wie bereits erwähnt, planen Sie bitte komplizierte Kiefer-behandlungen niemals an Stier- oder Widdertagen. Zahn-steinentfernung oder Zahnbehandlungen sollten Sie möglichst bei abnehmendem Mond vornehmen lassen. Das Gleiche gilt, wenn Ihrem Hund ein Zahn gezogen werden muss. Meiden Sie auch die Marstage, denn der Mars beherrscht die kräftigen Eckzähne. Falls Sie es sich aussuchen können, legen Sie Zahnbehandlungen auf abnehmende Waage, Skorpion oder Schütze-Tage.

Wenn Sie einmal pro Woche einen *rohen* Knochen füttern, der viel Fleisch und Knorpel enthält, bleiben die Zähne Ihres Hundes bis ins hohe Alter weiß und gesund. Außer Markknochen können Sie Ihrem Liebling so ziemlich alles Knochige vorsetzen. Egal ob Hühnerflügel, Putenhälse, Kaninchenrücken oder Lammkeule. Kehlkopf vom Rind, Pferd oder Hammel eignet sich besonders gut. Auch große Gelenkknochen sind empfehlenswert, denn sie können aufgrund der Größe nicht vom Hund verschluckt werden. Er muss sie also wirklich mit seinen Zähnen abschaben und entfernt damit ganz natürlich eventuell vorhandenen Zahnstein. Aber nicht vergessen, einmal pro Woche ist genug, sonst gibt es Verstopfung.

Warzen erfolgreich entfernen

Viele Hunde entwickeln mit fortschreitendem Alter Warzen am Körper. Sie stören den Hund nicht, aber zerstören das Schönheitsideal mancher Hundebesitzer. Warzen sind allerdings mehr als nur ein kosmetisches Übel. Es sind oft auch Ausgänge für eventuelle Toxine, die der Körper anders nicht loswerden kann. Deswegen reicht eine rein äußerliche Behandlung oft nicht aus, sondern sollte mit mineralstoffund vitaminreicher Ernährung ergänzt werden.

Früher wurden Warzen besprochen und mit feierlichen Ritualen ausgetrieben. Ganz so dramatisch ist das heute nicht mehr. Zur Warzenentfernung gibt es gute medizinische Präparate in Apotheken zu kaufen, allerdings sehr teuer. Kräuter und andere natürliche Mittel sind kostengünstiger, erfordern aber etwas Geduld bei der Behandlung. Eine preisgünstige Alternative ist Knoblauch. Fixieren Sie ein paar dünne Knoblauchscheiben mit einem Pflaster auf der Warze. Stabilisieren Sie alles mit einer elastischen Binde, um ein Verrutschen zu vermeiden. Die Warze wird sich allmählich schwarz färben und austrocknen. Bald können Sie sie einfach abnehmen. Wenn Ihr Hund sehr aktiv ist und den Verband nicht duldet, legen Sie ihn nur nachts an, oder erst nachdem Sie vom Spaziergang kommen und Ihr Hund zum Protestieren zu müde ist.

Gute Erfolge werden auch mit dem Saft von Schöllkraut erreicht. Da der Saft giftig ist, würde ich ihn an Tieren aber lieber nicht anwenden. Außer, die Warze liegt in einem Bereich, den Ihr Hund wirklich nicht belecken kann, z. B. an seinem Hinterkopf oder im Nacken.

Unbedenklicher ist die Thuja-Pflanze, allerdings sollte auch sie nicht pur angewandt werden. Mit den homöopathischen Präparaten Thuja D30 oder Thuja-Injeel können Sie Warzen harmlos entfernen. Beginnen Sie die Warzenbehandlung immer bei Vollmond bis über die Zeit des abnehmenden Mondes. Ab Neumond über die Zeit des zunehmenden Mondes legen Sie eine Pause ein. Auf keinen Fall sollten Sie die Warze Ihres Hundes aufstechen, ausquetschen oder anderswie gewaltsam entfernen.

Sie dürfen gern auch die traditionellen Methoden versuchen, die sind sehr kostengünstig, aber brauchen etwas Zeit. Hier zwei Beispiele:

Reibe bei Vollmond um Mitternacht mit deinen Händen über die Warze deines Hundes ...

Oder:

Bestreiche die Warze deines Hundes bei abnehmendem Mond mehrmals täglich mit einer Bananenschale.

Versuchen Sie es. Ich würde mich freuen wenn Sie mir von Ihren Erfolgen berichten.

So bleibt die Hundehaut gesund

An der Haut können Sie erkennen, ob Ihr Hund gesund ist. Sobald ein biochemischer Vorgang im Körper gestört ist, macht sich das auf seiner Haut und den Schleimhäuten bemerkbar. Die Folgen sind Entzündungen, trockene Haut, Pusteln, Rötungen, Schuppen, Allergien, Ekzeme oder extreme Ohrwachs-Bildung. Oft werden diese Symptome begleitet von Juckreiz und ständigem Kratzen. Die meisten Hautkrankheiten entstehen aufgrund falscher oder einseitiger Ernährung. Dementsprechend einfach sind sie oft zu bekämpfen: Nämlich mit frischem Futter, das alle Nährstoffe und Mineralien in erforderlicher, ausgewogener Menge enthält und auf chemische Zusätze oder minderwertigen Proteine verzichtet.

Hautkrankheiten ausgelöst durch Zecken, Hormonstörungen oder Krebs gehören in die Hände eines Tierarztes oder Tierheilpraktikers. Die Heilung vieler Hautkrankheiten wie Demodex, Ekzemen oder Allergien im Anfangsstadium können Sie mit ein paar zusätzlichen Hausmitteln ganz einfach unterstützen.

Sollte die Krankheit bereits chronisch sein, empfiehlt sich aber erst einmal eine Entgiftungskur, die von einem Tierheilpraktiker überwacht werden sollte.

Wichtig ist, dass Sie Ihren Hund von Ungeziefer und Würmern freihalten. Diese Parasiten rufen nicht nur Hautkrankheiten hervor, sondern können auch gefährliche Organschäden verursachen. Sie müssen aber nicht übertreiben! Lassen Sie zweimal jährlich eine Kotprobe bei Ihrem Hund machen. Wenn keine Wurmeier oder Würmer vorhanden sind, brauchen Sie ihn auch nicht unnötig mit Wurmmitteln zu belasten.

Wenn Sie unsicher sind und den Rat eines Experten möchten, wenden Sie sich bitte an einen Tierarzt, der ganzheitliche Tiermedizin praktiziert, also den Körper als komplettes System sieht und die Ursachen behandelt. Tiermediziner, die nur die Symptome mit Antibiotika oder Steroiden behandeln oder Ihnen teure „Spezialfutter" verkaufen wollen, können Ihrem Hund auf lange Sicht leider nicht helfen.

Nachfolgend finden Sie ein paar bewährte Hausmittel, mit denen Sie Ihren Hund einfach und preiswert gesund halten können.

Apfelessig

Hat eine natürliche antibakterielle, entzündungshemmende Wirkung und lindert Hautkrankheiten. Mischen Sie dafür fünf Tassen Apfelessig mit fünf bis zehn Tassen Wasser und spülen Sie Ihren Hund damit ab, sooft Sie mögen. Diese Spülung hilft auch gegen lästigen Körpergeruch und ist billiger als Spezialshampoos.

Sollte Ihr Hund das Abspülen nicht mögen, besprühen Sie ihn einfach mit der Lösung und reiben ihn dann ab. Voraussetzung ist allerdings, dass die Haut unversehrt ist. Bitte benutzen Sie Apfelessig nicht auf offenen Wunden, das brennt unangenehm.

Frische Backhefe

Mischen Sie besonders bei Fellwechsel und während und nach der Trächtigkeit zwei bis dreimal pro Woche ½ Teelöffel frische Backhefe unters Futter (keine Bierhefe!).

Brennnessel

Täglich ein Esslöffel frische zerkleinerte Brennnessel oder getrocknete Brennnesselblätter haben eine positive Wirkung auf Leber, Bauchspeicheldrüse, Nieren und Darm. Dadurch können Schlacken besser aus dem Körper geschwemmt werden und Symptome wie Demodex, Ekzeme oder allergische Hautreaktionen haben eine gute Chance auf natürliche Heilung.

Eigelb

Einmal pro Woche ein rohes Eigelb im Futter sorgt für glänzendes Fell. Bitte niemals rohes Eiweiß füttern, da es die Biotin-Reserven im Körper zerstört. Biotin ist wichtig für ein gesundes Fell. Gekochtes oder gebratenes Eiweiß ist harmlos. Am einfachsten ist es, ein komplettes Rührei gelegentlich ins Futter zu mischen.

Geriebene Karotten

Karotten wirken darmreinigend und helfen gegen Wurmbefall. Damit der Körper die enthaltenen Vitamine auch aufspalten kann, müssen Sie ein paar Tropfen Lein- oder Kokosöl zugeben oder etwas Butter.

Knoblauch

Eine frische Knoblauchzehe drei bis viermal die Woche hilft gegen Würmer, Parasiten, Pilze und aggressive Bakterien im Darm.

Kokos

Alle Bestandteile der Kokosnuss wirken sich positiv auf die Gesundheit Ihres Hundes aus. Täglich ein Esslöffel frischer oder getrocknete Kokosraspel oder reines Kokosöl unterstützen sein Immunsystem, um Bakterien, Viren und Pilze erfolgreich zu bekämpfen. Kokosöl enthält bis zu 50 % Laurinsäure, einen natürlichen Bestandteil der Muttermilch.

Neem

Neem bekämpft erfolgreich externe Parasiten, Milben und Mikroorganismen auf ganz natürliche Art. Es ist nachweislich das wirksamste Mittel gegen Scabies-Milben, auch Krätze genannt. Neem aktiviert außerdem die Bildung von T-Zellen, die Abwehrzellen des Immunsystems. Reines Neem-Öl kann auf offene Wunden aufgetragen werden und ist völlig unschädlich. Neemspray ist ein natürliches Abwehrmittel gegen Zecken. (Erhältlich unter www.echt-hundgerecht.de)

Omega Fettsäuren

Omega Fettsäuren braucht der Körper nur in geringen Mengen. Sie sind in frischer Nahrung ausreichend vorhanden und müssen nicht zugefüttert werden. Ein Zuviel an Omega 6 führt zu erhöhter Bildung entzündungsfördernder Prostaglandine und damit zu Diabetes, Entzündungen, Rheuma oder Arthrose. Omega 3 Fettsäuren braucht Ihr Hund noch weniger. Sein Bedarf kann mit einem Stück Fischfilet in regelmäßigen Abständen ausreichend gedeckt werden. Sparen Sie sich also in Zukunft ruhig das Geld für die Kapseln.

Preiselbeeren

Täglich drei getrocknete Preiselbeeren bewahren Ihren Hund vor Steinleiden. Besonders betroffen sind Dalmatiner, sie erkranken oft an Blasensteinen.

Probiotika

Das sind milchsauer vergorene Lebensmittel, die probiotisch wirksame Mikroorganismen enthalten. Sie kommen oft in Quark, Buttermilch oder Hüttenkäse vor, können aber auch als fertige Kapseln eingenommen werden. Probiotika begünstigen die Bakterienzusammensetzung in der Darmflora und helfen damit, schädliche Keime im Darm zu verdrängen.

Vitamin C

Wirkt antiviral, antibakteriell und erhöht die Widerstandskraft des Körpers. Es ist hochprozentig enthalten in Petersilie, Hagebutten, Paprika, und Kartoffeln.

Zink

Zink aktiviert das Immunsystem, beschleunigt Heilungsprozesse und fördert die Bildung von Leukozyten (Abwehrzellen). Hochprozentig ist es enthalten in Haferflocken, Aloe Vera und Meeresfrüchten.

Zitrone

Pressen Sie zehn Zitronen aus und reiben Sie Ihren Hund mit dem Saft ab. Diese Prozedur sorgt für gesunde Haut und fördert die Heilung von Hautkrankheiten. Aber offene Wunden sollten Sie bitte von der Behandlung aussparen.

Kräuter für Ihren Hund

Einige Pflanzen sind mehr als nur Hausmittelchen. Ihre heilende Wirkung ist wissenschaftlich erwiesen und medizinisch anerkannt. Die bekanntesten dieser natürlichen Medikamente sind Brennnessel, Echinacea, Neem, Ginseng oder Ringelblume. Trotzdem sollten Sie jetzt nicht gleich loslegen und Kräutercocktails für Ihren Hund zusammenmixen. In der Natur gibt es nämlich auch giftige Pflanzen mit heilender Wirkung, wie Thuja oder Mistel. Manche Pflanzen erfordern eine ganz spezielle Dosierung, um ihre Heilkräfte zu entfalten. Wieder andere dürfen nur äußerlich angewandt werden, wie z. B. Arnika oder Oleander. Ich möchte Ihnen hier nur die verschiedenen Möglichkeiten beschreiben. Fragen Sie bitte unbedingt einen Tierheilpraktiker oder Tier-Homöopaten bevor Sie Heilkräuter innerlich bei Ihrem Hund anwenden!

Gegen jede Krankheit ist ein Kraut gewachsen

Heilpflanzen enthalten eine geballte Ladung an heilenden Wirkstoffen. Sie können als Bäume, Blumen oder Gemüse in der Natur vorkommen und ihre Anwendung ist vielseitig. Heilpflanzen können zu Tees, Lotionen, Pulvern oder Tinkturen verarbeitet werden. Vor der Entdeckung von Antibiotika und Kortison wurden Menschen über Jahrhunderte fast ausschließlich mit Kräutern und Naturheilmitteln behandelt. Es kann also nicht schaden, dieser traditionellen Heilmethode wieder etwas mehr Aufmerksamkeit zu schenken. Sie können mit Heilkräutern vielerlei Krankheiten Ihres Hundes vorbeugen oder auch erste Hilfe leisten. Wenn allerdings nach drei Tagen keine Besserung zu erkennen ist, sollten Sie einen Tierarzt oder Tierheilpraktiker aufsuchen.

Heilkräuter in Form von Tee, Saft, Nahrungsergänzung, Badezusatz, Creme oder Shampoo können Sie zwar jederzeit bei Ihrem Hund anwenden. Welche Kräuter Sie innerlich oder äußerlich benutzen, und in welcher Dosis, muss Ihnen aber Ihr Tierheilpraktiker ganz individuell auf den Bedarf Ihres Hundes zusammenstellen. Einschränkungen kann es immer geben. Brennnesseltee z. B. eignet sich sehr gut zum Entschlacken, aber Hunde mit Herz- oder Nierenproblemen dürfen ihn nicht trinken. In der nachfolgenden Liste sehen Sie nicht nur die Anwendungsweise, sondern auch an welchen Tagen und in welchem Tierkreiszeichen die entsprechenden Heilkräuter Ihre Wirkung am stärksten entfalten.

Ich denke, dass sich nur wenige von Ihnen mit Heilkräutern auskennen. Was Sie aber sicherlich alle kennen, sind unsere heimischen Küchenkräuter oder Gemüsesorten. Auf diese werde ich mich beschränken und Ihnen verraten, welche heilende Wirkung diese Pflanzen auf Ihren Hund haben können. Benutzen Sie bitte so oft es geht frische Pflanzen, anstatt getrockneter Kräuter.

Damit sich der Organismus nicht an eine bestimmte Substanz gewöhnt, können Sie nach zwei Wochen, mit dem Mondwechsel, eine zweiwöchige Pause einlegen. Wenn Sie also mit dem abnehmenden Mond eine Blutreinigung beginnen, dann können Sie nach zwei Wochen, über die Zeit des zunehmenden Mondes, eine Pause einlegen.

Alle unten aufgeführten Pflanzen können Sie bei Ihrem Hund anwenden. Was Ihrem Hund schaden könnte, habe ich in der Liste gar nicht erst erwähnt.

Tabelle 6: Heilkräuter und ihre Wirkungen

Pflanzenname	Anwendung bei	Beste Wirkungszeit
Aloe Vera	Offene Wunden, Insektenstiche Ekzeme, Hautirritationen	Immer Steinbock
Ananas	Magen-Darm-Probleme	Krebs, Jungfrau
Anis	Appetitlosigkeit, Blähungen, Erbrechen, Verdauungsprobleme	Jungfrau
Arnika (nur äußerlich)	Verspannungen, Muskelzerrungen	Schütze
Basilikum	Bauchkrämpfe, Blähungen, Verstopfung	Jungfrau
Beifuss	Entzündungen der Eierstöcke/ Gebärmutter, Wehenschwäche	Skorpion
Brennnessel	Stoffwechselerkrankungen Harnwegserkrankungen Haut-und Fellprobleme	Jungfrau Waage Steinbock
Brunnenkresse	Hals/Zahnfleischentzündung Nierensteine, Blasensteine Würmer, Hautprobleme	Stier Waage Immer
Dill	Fressunlust, Blähungen, Magenprobleme	Jungfrau
Eibisch	Magen-Schleimhaut-Entzündung Entzündeter Rachen- und Maulbereich	Krebs Stier
Estragon	Fieber, Gelenkentzündungen Stoffwechselerkrankungen	Fische Jungfrau

Pflanzenname	Anwendung bei	Beste Wirkungszeit
Fenchel	Asthma, Bronchitis Halsinfektion	Zwillinge Stier
Gänse- blümchen	Hautprobleme, Ekzeme Ödeme Immunsystem-Schwäche	Steinbock Löwe Immer
Hopfen	Magen-Darm-Probleme Angst, Unruhe Blasenleiden	Jungfrau Immer Waage
Kamille	Verdauungsschwäche, Fieber, Entzündungen, Blähungen	Jungfrau
Kartoffel	Magen-Darm-Entzündungen Vitamin-C-Mangel	Jungfrau Immer
Kerbel	Schlechte Blutwerte Hautprobleme, Fieber	Skorpion Steinbock
Klee	Leberschwäche Rekonvaleszenz, Verstopfung	Krebs Jungfrau
Knoblauch	Magen-Darm-Erkrankungen, Infektionen, Würmer	Jungfrau
Kümmel	Magen-Darm-Kolik Probleme bei Trächtigkeit und Geburt	Jungfrau Skorpion
Kürbis	Blasenprobleme, Prostata- leiden	Waage
Liebstöckel	Blasen- und Nierenleiden Deckungsprobleme	Waage Skorpion
Löwenzahn	Leber- und Gallenleiden Hautprobleme Gelenkserkrankungen	Krebs Steinbock Fische

Pflanzenname	Anwendung bei	Beste Wirkungszeit
Majoran	Muskelbeschwerden Magenleiden	Schütze Krebs
Meerrettich	Blasen- und Nierenprobleme	Waage
Neem	Hauterkrankungen, Milben und andere Parasiten	Steinbock
Nachtkerze	Hauterkrankungen Entzündungen	Steinbock Immer
Oregano	Alle Leiden im Kopfbereich Entzündungen	Widder Immer
Paprika	Gelenkschmerzen, Rheuma	Fische
Petersilie	Steinleiden, Blasen- und Harnwegsprobleme	Waage
Pfefferminze	Magen-Darm-Gallenprobleme Verdauungsbeschwerden	Krebs Jungfrau
Rettich	Bronchitis, Asthma, Zwinger- husten	Zwillinge
Ringelblume	Wundheilung, Hautprobleme, Entzündungen, Furunkel	Steinbock
Rosmarin	Herzschwäche, Herzprobleme	Löwe
Salbei	Probleme im Hals- und Rachenbereich, Zahnprobleme	Stier
Sanddorn	Schwaches Immunsystem Darmentzündung Hautprobleme	Löwe Jungfrau Steinbock
Schwarz- kümmel	Blähungen, Verdauungs- probleme, Koliken	Jungfrau

Pflanzenname	Anwendung bei	Beste Wirkungszeit
Sellerie	Milchprobleme bei Hündinnen, Übergewicht	Wassermann
Thymian	Bronchitis, Asthma Lungenprobleme	Zwillinge Krebs
Wacholder	Stoffwechselprobleme Übergewicht	Jungfrau Wassermann

Kräutertees schlabbern

Ihr Hund kann bedenkenlos Kräutertees zu sich nehmen. Er wird selbst stark riechende Tees gern trinken, da Hunde sehr viel weniger Geschmacksnerven besitzen als wir Menschen. Die Herstellung ist denkbar einfach. Normalerweise werden getrocknete Kräuter benutzt, die es in Supermärkten oder Apotheken zu kaufen gibt. Sie können aber auch Kräuter in kleinen Töpfchen auf Ihrem Balkon anpflanzen oder in freier Natur sammeln und die frischen Blätter und Stängel zu einem heilenden Tee verarbeiten.

Zubereitung
Für einen Tee überbrühen Sie einen TL Blätter, Blüten oder Wurzeln (frisch oder getrocknet) mit einer großen Tasse kochendem Wasser. Nach zehn bis fünfzehn Minuten gießen Sie alles durch ein Sieb. Wenn der Tee auf Handwärme abgekühlt ist, geben Sie ihn über das Futter. Ihr Hund kann den Tee aber auch pur trinken. Samen wie Anis, Kümmel oder Koriander sollten Sie vor dem Überbrühen kurz zerstoßen, um eine bessere Wirkung zu erreichen. Wurzeln oder

Rinden dürfen bis zu dreißig Minuten ziehen, um ihre volle Wirksamkeit zu entfalten. Einen Tee können Sie aus fast allen oben genannten Pflanzen herstellen. Stärkende, aufbauende Tees wirken am besten bei zunehmendem Mond bis Vollmond der ihnen zugeordneten Zeichen. Tees gegen bestimmte Krankheiten oder Symptome wirken generell am besten bei abnehmendem Mond bis Neumond ihrer zugehörigen Zeichen Hier ein paar Anwendungs-Beispiele:

Brennnesseltee zur Blutreinigung und Entgiftung. Die Erdtage (Stier, Jungfrau, Steinbock) eignen sich am besten zur Blutreinigung. Geben Sie Ihrem Hund bei abnehmendem Mond zwei Tassen täglich, optimal wäre abends ab 17.00 Uhr. Am wirkungsvollsten sind die jungen obersten Blätter der Pflanze.

Cistustee als Infektblocker gegen Bakterien und Viren. Überbrühen Sie zwei Teelöffel (TL) Cistus-Kraut mit einer großen Tasse kochendem Wasser. Nach cirka fünf Minuten können Sie die Kräuter abseihen.

Baldriantee zur Beruhigung, nach Schock oder für hyperaktive Hunde. Einen TL kleingehackte Baldrianwurzel mit einer großen Tasse kochendem Wasser übergießen. Die beste Wirkung erzielen Sie während der Mond zunimmt und in den Tagen der Wasserzeichen Krebs, Fische, Skorpion.

Kümmeltee gegen Blähungen und Verstopfung. Zerstoßen Sie einen TL Kümmel und überbrühen Sie ihn mit einer Tasse Wasser.

Gänseblümchentee zur Stärkung des Immunsystems. Übergießen Sie einen TL der Blüten mit einer Tasse heißem Wasser.

Hagebuttentee gegen Steinleiden. Einen TL zerkleinerte Früchte und Kerne mit heißem Wasser übergießen.

Ingwertee gegen Magenprobleme. Überbrühen Sie einen TL der zerkleinerten frischen Wurzel mit heißem Wasser

Ringelblumentee gegen Viruserkrankungen und Ödeme. Einen TL der Blüten mit einer Tasse heißem Wasser überbrühen.

Gesunde Düfte inhalieren

Sie können die Kräuter nicht nur innerlich anwenden. Das reine Öl oder die getrockneten Pflanzen können auch inhaliert werden. Es gibt dafür viele Anwendungsmöglichkeiten, z. B. in Duftkissen, als Räucherstäbchen, als Raumspray oder in Duftlampen. Die Wirkung dieser Kräuterdüfte ist so intensiv, dass sie das Gehirn stimulieren und eine psychische Reaktion auslösen können. Wir alle kennen die entspannende Wirkung von Lavendel oder den anregenden Effekt von Eukalyptus. Nutzen Sie den positiven Einfluss der ätherischen Öle auf die Stimmungen Ihres Hundes. Besprühen Sie die Unterseite seiner Matratze, legen Sie ein Duftkissen in die Nähe seines Schlafplatzes oder zünden Sie ein Duftlämpchen an.

Tipp: Geben Sie ein paar Tropfen reines Öl von Wacholderbeere oder Rosmarin auf ein Handtuch und bedecken Sie damit nach einer Massage den Körper Ihres Hundes. Das ist sehr wirkungsvoll, denn jetzt ist Ihr Hund von der Massage entspannt und wird sich kaum gegen das Handtuch wehren. Zur Vollständigkeit gebe ich Ihnen hier ein paar Anwendungsbeispiele.

Anregende Düfte für Hunde mit niedrigem Energielevel
Geranium, Zitronengras, Eisenkraut, Eukalyptus, Rosmarin, Pfefferminze, Kampfer.

Beruhigende Düfte für Energiebündel
Lavendel, Melisse, Jasmin, Basilikum, Sandelholz, Ylang Ylang, Majoran, Orange.

Aufmunternde Düfte für Angsthasen
Zypresse, Zedernholz, Basilikum, Bergamotte, Ingwer, Zimt, Koriander.

Achtung: Ätherische Öle dürfen *nicht* mit der Haut in Berührung kommen, und dürfen *niemals* zur inneren Anwendung benutzt werden!

Bachblüten – Balsam für die Seele

Zu den Bachblüten zählen Pflanzen, deren Wirkung emotionale Blockaden bei Menschen und Tieren lösen können. Ihr Hund ist, wie Sie selbst auch, dazu fähig, intensive emotionale Reaktionen auszudrücken. Ein freudig wedelnder Schwanz oder ein ängstlicher Rückzug unter das Bett zeigen Ihnen, wie er sich fühlt oder wie eine Situation auf ihn wirkt. Denken Sie nur an die Angst vor dem Autofahren oder an das wütende Bellen, wenn Besucher kommen. Mit

Bachblüten können Sie emotionale Unsicherheiten, Ängste, Hyperaktivität oder Aggressionen in vielen Fällen erfolgreich behandeln. Sie sind auch für Hunde aus dem Tierheim oder aus südlichen Ländern sehr zu empfehlen, da diese Tiere oft schwere Schicksalsschläge erlitten haben. Falls Sie Bachblüten nur für ganz bestimmte Zwecke einsetzen möchten z. B. an Silvester, vor einem Umzug oder bei Gewitter, dann können Sie das jederzeit tun. Sie können Bachblüten einzeln oder gemischt verabreichen, die Behandlung kann ganz individuell angepasst werden. Welche Blütenkombination Sie genau bei Ihrem Hund anwenden sollten, erfragen Sie bitte bei Ihrem Tier-Heilpraktiker oder einem ganzheitlich praktizierenden Tierarzt.

Im Gegensatz zu den ätherischen Ölen der Aromatherapie, werden Bachblüten ausnahmslos innerlich verabreicht. Es gibt sie als alkoholische Konzentrate, die verdünnt werden sollten und als Globuli. Letztere sind am ehesten zu empfehlen, weil sie als praktische Anwendungsmischungen schnell und sicher ausgewählt werden können und keinen Alkohol enthalten.

Eine große Auswahl hochwertiger Bachblüten erhalten Sie in unserem Online-Shop www.echt-hundgerecht.de

Fit und schön mit dem Mond

Die beste Zeit für Pflege und Haarschnitt

Ob Ihr Hund gepflegt aussieht, ein glänzendes Fell und gesunde Haut hat, brauchen Sie nicht dem Zufall zu überlassen. Auch wenn es heißt: „Wahre Schönheit kommt von innen", so hat der Mond doch in Punkto Hundesalon einen entscheidenden Einfluss auf die Schönheitspflege Ihres Hundes. Im Allgemeinen gilt auch hier: Der zunehmende Mond unterstützt beim Wachsen und Gedeihen. Das heißt, die Aufnahmebereitschaft von Fell und Haut für Nährstoffe erhöht sich. Packungen oder gehaltvolle Massageöle werden von der Haut Ihres Hundes nun dankbar aufgenommen. Der abnehmende Mond erleichtert das Verringern und Entfernen. Das ist die beste Zeit für einen Haarschnitt oder zum Krallen schneiden.

Bei der Körperpflege Ihres Hundes und bei Anwendungen von Shampoos und Lotionen spielt der Mond eine wichtige Rolle. Natürlich können Sie Ihren Hund jederzeit baden, wenn er besonders schmutzig ist oder sich in übel riechenden Angelegenheiten gewälzt hat. Aber für Heilbäder, Pflegeshampoos und andere Extrabehandlungen sollten Sie den Mond in Ihre Terminplanung mit einbeziehen. Sie werden bald feststellen, dass sich teure Spezialprodukte erübrigen, wenn Sie die Mondphasen beachten und die Kräfte des Mondes nutzen. Apfelessig hat eine heilende Wirkung und nimmt den Geruch aus dem Fell. Spülen Sie Ihren Hund bei zunehmendem Mond mit einer Lösung aus 50 % Apfelessig und 50 % Wasser, er riecht dann ganz frisch.

Soll das Fell schneller wachsen, scheren Sie Ihren Hund während des zunehmenden Mondes bis Vollmond. Am besten sind die Tage, wenn der Mond die Erdoder Wasserzeichen durchläuft. Wenn Sie die Kosten für den Hundesalon verringern möchten, legen Sie Ihre Besuche auf den abnehmenden Mond, dann wächst das Fell langsamer nach. Aber nicht nur der Mond beeinflusst die Fellbeschaffenheit Ihres Hundes, auch die Tierkreiszeichen üben einen starken Einfluss aus. Falls Ihr Hund an Ausstellungen teilnimmt, sind die nachfolgenden Tipps bestimmt interessant für Sie. Schließlich soll Ihr Hund an ganz bestimmten Tagen besonders schön aussehen.

✳ Wenn Sie an Wassermann-, Zwilling oder Waage-Tagen und zunehmendem Mond zum Hundefriseur gehen, wird das Haar Ihres Hundes schneller nachwachsen.
✳ Hunde mit lockigem Fell, wie Pudel oder Bolonka Zwetna, sollten nur bei zunehmendem Widder geschoren werden. Das Fell liegt dann besonders schön an.
✳ Wenn Sie viel mit Ihrem Hund auf Ausstellungen gehen, und das Fell immer gesund und schön aussehen soll, machen Sie Pflegepackungen an Widderoder SchützeTagen.
✳ Wollen Sie aus hygienischen Gründen oder zur Zeiteinsparung das Fell lieber kurz halten, dann lassen Sie es bei abnehmendem Zwilling, Schütze oder Steinbock schneiden.
✳ Für Hunde, die getrimmt werden, wie Schnauzer oder Dackel, ist der beste Salontermin an Jungfrau-Tagen. Meiden Sie Tage, an denen der Mond im Stier steht, sonst wird das Fell zu struppig.
✳ Hunde mit feinem Haarkleid wie Yorkshire Terrier oder Malteser sollten nur an Löwe-Tagen einen Haarschnitt erhalten oder die Spitzen geschnitten bekommen. Wenn

der Löwe im zunehmenden Mond steht, wirken pflegende Wirkstoffe besonders intensiv.
* Baden und föhnen Sie Ihren Hund nicht an Fische-, Krebs- und Skorpion-Tagen. Das trocknet sein Fell zu sehr aus und kann zu Verfilzung, Schuppenbildung und Juckreiz führen. Gegen Scheren oder Trimmen, ohne vorherige Haarwäsche, ist dagegen nichts einzuwenden.

Besonders gesund und kräftig wird das Fell, wenn Sie an Vollmond eine pflegende Packung auftragen, die Sie preisgünstig selbst herstellen können:

5 Esslöffel Kokosöl*
3 Esslöffel Neemöl*
2 Eigelb
den Inhalt von 3 Kapseln Vitamin-E
15 Tropfen Nachtkerzenöl

Vermischen Sie die Zutaten. Geben Sie nur ¼ der Flüssigkeit in Ihre Handflächen und massieren Sie dann alles gut in das trockene Fell und die Haut Ihres Hundes ein. Der Hund soll nicht in dem Öl schwimmen. Lassen Sie die Packung dreißig Minuten einwirken. Dann spülen Sie mit Neem-Seife* oder Neem-Shampoo* alles gründlich aus. Die Menge ist ausreichend für einen kleinen bis mittelgroßen Hund. Sollten Sie für Ihren Hund mehr benötigen, verdoppeln Sie einfach die Zutaten. Um Ihre Möbel zu schonen, können Sie ihm ein altes T-Shirt überziehen oder ihn für die Zeit der Einwirkung im Garten spielen lassen.

---

* Erhältlich in unserem online-Shop www.echt-hundgerecht.de

Massagen und Wohlfühlmaßnahmen für Bello

Wir alle vergöttern unsere Hunde und überschütten sie mit Liebesbeweisen. Wir pflegen sie, nehmen sie mit zum Einkaufen oder haben sie bei uns im Bett. Trotzdem begrenzen sich unsere Berührungen in den meisten Fällen auf Bürsten, Streicheln, Umarmen oder Küssen.

Die wenigsten Hundebesitzer nutzen die enorme Wirkung einer Massage, um mit ihren Hunden einen Körperkontakt aufzubauen. Dabei haben Massagen bei einem Hund den gleichen Effekt wie bei uns Menschen: Sie beruhigen den Geist und lösen Verspannungen.

So wirken Massagen auf Ihren Hund

Physischer Effekt
Der Blutkreislauf wird angeregt, dadurch werden Nährstoffe schneller ins Gewebe weitergeleitet. Gleichzeitig werden schmerzauslösende Schlacken und Giftstoffe abtransportiert.

Muskelschmerzen, oft bedingt durch Verschleißerkrankungen der Gelenke, erfahren Linderung.

Massagen reduzieren arthrotische Schmerzen, stärken das Immunsystem und helfen dem Körper, beweglich zu bleiben.

Mentaler Effekt
Ihr Hund spürt Ihr Wohlwollen aus der Art Ihrer Berührung. Er weiß sofort, dass Sie ihm jetzt etwas Gutes tun möchten. Sein Geist kann abschalten und sein Körper wird sich entspannen.

Er beginnt, seinen Körper wieder wahrzunehmen. Zuerst über die Haut, dann über das Bindegewebe, bis in die Mus-

keln und Gelenke. Alles wird locker und leicht. Die Wahrneh-
mung Ihrer Berührungen beruhigt ihn, baut sein Vertrauen
auf und intensiviert Ihre Mensch-Hund-Beziehung.

Spiritueller Effekt
Nicht nur Körper und Geist unserer Hunde werden während
einer Massage angesprochen. Durch das Massieren finden
wir einen Weg in die Seelen unserer Hunde, können ihnen
unsere Liebe mitteilen und unsere eigene Empfindsamkeit
wachsen lassen. Wir können unsere Sorgen oder Anspan-
nungen vergessen und selbst entspannen.

Trotz aller positiven Effekte gibt es aber auch Situationen, in
denen Sie Ihren Hund auf keinen Fall massieren sollten.
Solche Ausnahmen sind unter anderem Fieber, Infektionen,
Durchfall, offene Wunden, Entzündungen, frische Verlet-
zungen des Bewegungsapparates oder auch Stoffwechsel-
erkrankungen. Fragen Sie im Zweifelsfall Ihren Tierarzt/
Tierheilpraktiker, ob Sie Ihren Hund massieren dürfen. Nur
wenn keine Gegenanzeichen vorliegen, können Massagen
ihren nützlichen Sinn erfüllen.

Wann wirken Massagen am besten?

Hunde brauchen Massagen hauptsächlich zur Entspannung, Entkrampfung oder Entgiftung des Körpers. Die beste
Wirkung erzielen Sie in der Zeit des abnehmenden Mondes.
Je nach dem welchen Körperbereich Sie ansprechen wollen,
massieren Sie, wenn der Mond in dem entsprechenden Tierkreiszeichen steht. Bei Blähungen oder Übergewicht massieren Sie den Bauch Ihres Hundes am erfolgreichsten an
Jungfrau-Tagen.

Besonders wohltuend, speziell für sehr aktive Hunde, sind Bein-Massagen an Zwilling-Tagen. Die Vorderbeine Ihres Hundes tragen fast sein gesamtes Körpergewicht und verdienen eine entspannende Massage am richtigen Tag. Regenerierende Tiefenmassagen fallen in den medizinischen Bereich und sollten nur von Physiotherapeuten und geschulten Fachkräften durchgeführt werden. Die beste Wirkung erzielen Sie damit bei zunehmendem Mond.

Tabelle 7: Beste körperliche Wirksamkeit einer Massage

Körperbereich	Tierkreiszeichen
Kopf, Stirn, Nase	Widder
Kiefer, Hals, Ohren	Stier
Schulterbereich, Vorderbeine	Zwillinge
Bauch, Lunge	Krebs
Herzregion, Kreislauf	Löwe
Verdauung, Stoffwechsel	Jungfrau
Nieren, Hüftbereich, Rute	Waage
Fortpflanzungssorgane	Skorpion
Oberschenkel hinten,	Schütze
Haut, Knochen, Knie	Steinbock
Unterschenkel hinten	Wassermann
Pfoten, Krallen, Zehen	Fische

Problemverhalten einfach wegmassieren

Sie werden staunen, wenn ich Ihnen sage, dass Sie auch leichtes Problemverhalten Ihres Hundes mit Massagen lindern oder sogar beenden können. Massieren Sie die entsprechenden Körperzonen an den ihnen zugeordneten Mondtagen und beobachten Sie Ihren Hund. Oft können Sie bereits nach zwei bis drei Tagen eine Verhaltensbesserung feststellen. Einen Hund, der viel und gern bellt, massieren Sie vorwiegend im Schnauzenbereich an Stier-Tagen.

Sobald Ihr Hund gelernt hat, sich durch Massagen zu entspannen, können Sie mit Ihrer Massagetherapie beginnen. Wenn er z. B. Angst vor dem Autofahren hat, massieren Sie ihn im Auto, zu Anfang ohne den Motor einzuschalten. Reagiert er auf Artgenossen unruhig, versuchen Sie eine Massage im Beisein eines sehr freundlichen Hundes aus Ihrem Freundeskreis. Ist er lärmempfindlich, massieren Sie ihn während eines Gewitters, in der Nähe eines Jahrmarkts oder mitten in der Innenstadt.

Freuen Sie sich bereits über kleine Erfolge, über jede Minute, die sich Ihr Hund massieren lässt. Verlängern Sie allmählich die Zeitspanne, je nachdem wie lange er Ihre Berührungen genießen möchte.

Achtung, massieren Sie Ihren Hund *niemals* in Problemsituationen, bei denen Ihr Hund aggressiv oder traumatisch reagiert! In diesen Momenten besteht Beißgefahr! Wenn Ihr Hund derartig gestresst ist, können Sie ihn weder mit Massagen noch mit guten Worten beeinflussen. Dann brauchen Sie die Hilfe eines Verhaltenstrainers, der geschult ist, diese Verhaltensprobleme positiv aufzulösen.

Massieren Sie Ihren Hund wenn er entspannt und ruhig ist, z. B. nach dem Spaziergang oder nach der Fütterung. Also am besten am frühen Abend, wenn die Energiereserven

Ihres Hundes verbraucht sind und er zur Entspannung bereit ist.

Tabelle 8: Beste Wirksamkeit einer Massage bei Problemverhalten

Problemverhalten	Körperbereich	Tierkreiszeichen
Aggressionen	Schnauze, Nase	Widder
Gegenstände zerbeißen	Schnauze, Nase	Widder
Unruhig, nervös	Schnauze, Nase, Ohren	Widder
Hyperaktiv	Nase, Stirn, Ohren	Widder
Reisekrankheit, erbrechen im Auto	Ohren	Stier
Pinkeln aus Freude/Angst	Ohren	Stier
Dauerbellen, schnappen, beißen	Schnauze, Kiefer, Ohren	Stier
Angst	Kopf, Ohren, Ganzkörper	Stier
Lärmempfindlich, Gewitterangst	Vorderbeine	Zwillinge
Panik beim Krallenschneiden	Vorderpfoten	Zwillinge/Fische
Trauma nach Operationen	Hinterbeine	Schütze
Unsicherheit, Unterwürfigkeit	Hüften, Kruppe, Rute	Waage
Lustlos, unmotiviert	Herz, Bauch	Löwe, Krebs

Welche Massagegriffe eignen sich am besten?

Es gibt viele verschiedene Massageformen. Am einfachsten für den Hausgebrauch sind streichende oder kreisende Massagen. Sie können dafür die ganze Handfläche benutzen oder auch nur eine Fingerspitze. Das richtet sich nach Größe und Sensibilität Ihres Hundes. Grundsätzlich wirkt die ganze Handfläche beruhigender, während die Fingerkuppen eher aktivieren.

Unruhige Hunde werden sich durch gleichmäßiges, rhythmisches Massieren sehr schnell entspannen. Ruhige Hunde empfinden behutsame, sanfte Massagen als angenehm.

Vermeiden Sie in jedem Fall alle ungestümen, hastigen Bewegungen. Am besten ist es, wenn Ihr Hund vor Ihnen sitzt. Damit fühlt er sich weniger bedroht und hat eine eventuelle Fluchtmöglichkeit. Sobald er beginnt, die Massage zu genießen, wird er sich von selbst hinlegen und eventuell sogar einschlafen. Daran erkennen Sie, dass Sie es richtig machen. Sollte Ihr Hund sich nicht legen, müssen Sie Geschwindigkeit, Druck oder den Massagebereich ändern, damit er sich entspannen kann.

Wichtig ist, dass bei Massagen immer eine Hand am Körper bleibt, wenn Sie Ihre Hände von einem Körperbereich zum anderen bewegen. Beim Streichen gleiten Sie mit Ihrer Handfläche, dem Handballen oder Ihren Fingerspitzen gerade über die entsprechende Körperzone, immer in Richtung des Haarwuchses. Beim Kreisen arbeiten Sie kreisförmig mit einer oder beiden Händen. Das ist besonders wirkungsvoll bei Bauchmassagen, um lustlose Hunde zu aktivieren.

So massieren Sie richtig

Gehen Sie mit Ihrem Hund in einen ruhigen Raum, in dem Sie ungestört sein können. Wenn Ihr Hund vor Ihnen sitzt, benutzen Sie beide Hände. Falls er sich direkt auf die Seite legt, massieren Sie mit einer Hand und lassen die andere Hand auf seinen Schultern oder dem Brustbereich ruhen.

1. Beginnen Sie mit kreisenden Bewegungen im Nacken Ihres Hundes. Massieren Sie danach die sensible Furche hinter seinen Ohren mit sanften Berührungen.

2. Nun können Sie die Ohren massieren. Streichen Sie immer vom Kopf zu den Rändern der Ohren aus. Massieren Sie mit Ihrem Daumen. Die vier restlichen Finger stützen das Ohr von unten.

3. Jetzt müsste Ihr Hund bereits entspannt sein und Sie können im Gesichtsfeld weitermachen. Benutzen Sie nun Zeigefinger oder Mittelfinger und gehen Sie auf den Punkt zwischen seinen Augen. Von hier aus streichen Sie mehrmals aufwärts zur Stirn. Mit beiden Händen streichen Sie dann über den Augen entlang hinunter zu den Wangen und zum Kiefer. Streichen Sie beidseitig von oben über den Nasenrücken und wieder hinter die Ohren.

4. Nun streichen Sie vom Nacken aus den gesamten Rücken entlang über die Rute, bis zum Rutenende. Üben Sie dabei einen sanften Druck aus, aber ohne das Rückgrat zu belasten! Die Wirbelsäule Ihres Hundes befindet sich dabei zwischen Ihrem Daumen und den restlichen Fingern Ihrer Hand. Vom Rutenansatz bis zur -Spitze können Sie leicht pressende Bewegungen ausführen.

5. Anschließend massieren Sie die Hinterbeine von oben nach unten, und als letztes die Vorderbeine inklusive der Pfoten.

6. Mit abschließenden Streichungen über Rücken und Rute können Sie die Massage ausklingen lassen.

Machen Sie diese Massagen ein- bis zweimal pro Woche. Wenn Sie möchten, erzählen Sie Ihrem Hund dabei mit sanfter Stimme, wie sehr sie ihn lieben, oder was Sie in den letzten Jahren alles erlebt haben ...

Entspannungsgriffe zum Ruhigwerden

Mit ein paar einfachen Handgriffen können Sie Ihrem Hund helfen, sich zu entspannen oder nach Aufregung und Stress wieder herunterzufahren.

Ihr Hund liegt vor Ihnen. Nun legen Sie eine Hand auf seinen Brustkorb und folgen sanft den Auf- und Abbewegungen, die beim Atmen entstehen. Nach drei bis fünf Atemzügen üben Sie beim Ausatmen Ihres Hundes einen leichten Druck aus. Wiederholen Sie das für einige Minuten, bis Ihr Hund ganz ruhig ist.

Halten Sie Ihren Hund im Arm oder auf Ihrem Schoß. Legen Sie eine Hand auf sein Herz, die andere auf seine Stirn. Dabei fühlt er sich besonders geborgen und kann gut entspannen.

Berühren Sie mit Ihren Zeigefingern sanft die Glückspunkte im Stirnbereich Ihres Hundes. Diese Punkte liegen jeweils ca. 2 cm oberhalb der Augen. Üben Sie nur leichten Druck aus, streichen Sie sanft über die Punkte oder formen Sie mit Ihren Fingern kleine Kreise. Dieser Griff wirkt gut gegen Erregung und Ängste.

Langsam Dehnen und Strecken

Sanfte Dehnübungen wirken entspannend auf die Muskulatur, entlasten die Gelenke und aktivieren den Stoffwechsel Ihres Hundes. Hier ein paar simple Übungen, bei denen Ihr Hund seinen Körper nach Herzenslust dehnen und strecken kann:

✳ *Streck dich* – Das ist die bekannte Spielaufforderung bei Hunden. Dabei bleiben die Vorderbeine angewinkelt am Boden, während der Popo in die Luft zeigt und die Hinterbeine durchgestreckt sind.

✳ *Beinbrücke* – Dabei kriecht der Hund unter den angewinkelten Beinen eines Menschen hindurch. Das dehnt seine Beinmuskeln und den Rücken.

✳ *Gib Pfötchen* – Mit rechter und linker Pfote stärkt es seine Vorderhandmuskulatur.

✳ *Slalom* – Durch die Beine eines Menschen fördert es Koordination und Balance. (Wie das geht, lesen Sie in meinem Buch *Jeder Hund ist anders*).

✳ *Fang den Schwanz* – Bei dieser Übung sollte Ihr Hund sich zur Seite drehen und versuchen, mit dem Fang seine Rute zu fassen. Das trainiert die Hals- und Nackenmuskulatur und mobilisiert die Wirbelsäule.

✳ *Männchen machen* – Das stärkt Rücken und Wirbelsäule. Falls Ihr Hund keine Balance halten kann, reichen Sie ihm Ihre Hand oder lassen Sie ihn an einem Sessel zusätzlichen Halt finden.

✳ *Rückwärtsgehen* – Stärkt seine Hinterhandmuskeln.

✳ *Kriechen* – Oder am Boden robben stärkt die gesamte Körpermuskulatur.

Wichtig ist, dass alle diese Übungen konzentriert und ohne Hektik ausgeführt werden. Strahlen Sie selbst dabei Ruhe und Gelassenheit aus. Reden Sie nicht, und seien Sie nicht enttäuscht, wenn es nicht immer gleich auf Anhieb klappt. Wichtig ist der positive Nutzen dieser Übungen, nicht die Perfektion. Alle Dehnübungen können Sie an beliebigen Tagen durchführen. Der zunehmende Mond wird seinen stärkenden Einfluss ausüben. Der abnehmende Mond löst eventuell vorhandene Verspannungen. Verlangen Sie aber nicht zu viel von Ihrem Hund. Machen Sie Übungen, die er auch ohne Ihre Hilfe von sich aus gern tut. Und auch hier gilt: Alle genannten Dehnübungen sollten nur bei gesunden Hunden oder nach Absprache mit einem Tier-Physiotherapeuten trainiert werden. Bei kranker oder schwacher Wirbelsäule sollte Ihr Hund auf manche Übungen besser verzichten.

Reiki für Ihren Hund

Reiki ist eine einfache, aber absolut wirksame Heilmethode, bei der Energie über die Hände des Heilers auf den Patienten übertragen wird. Früher hätte man Reiki einfach mit dem Wort „Handauflegen" interpretiert. Aber es ist weitaus mehr. Reiki ist etwas Geistig Spirituelles und trotzdem keine Religion. Reiki setzt sich aus den zwei japanischen Worten REI und KI zusammen. REI bedeutet dabei universell oder göttlich. KI ist das Gleiche wie das chinesische Chi oder das Prana im Sanskrit und bedeutet Lebensenergie. Reiki ist die universelle Lebensenergie, die uns umgibt und heilt, es ist die Harmonie zwischen Körper und Geist. Reikibehandlungen aktivieren die Selbstheilungskräfte des Körpers, stärken das Immunsystem und fördern die Entspannung nach stressvollen Situationen. Der Mensch, der Reiki gibt, fungiert dabei als eine Art Kanal. Ihm wird keine eigene Kraft entzogen.

Ich wende seit vielen Jahren Reiki bei meinen Hunden an. Nicht nur, wenn sie sich einmal unwohl fühlen, sondern auch, um sie zu „erden" und in mentaler Balance zu halten. Am wirkungsvollsten ist Reiki bei Vollmond. Auch bei zunehmendem Mond wirkt diese gute Energie stärkend und aufbauend auf meine Hunde. Wenn Sie im Krankheitsfall eine Reiki-Behandlung anstreben, können Sie sich nach den

Tierkreiszeichen richten, wie vorher bei den Massagen auch, je nachdem welchen Körperbereich Ihres Hundes Sie unterstützen möchten. Aber prinzipiell wirkt Reiki an allen Tierkreiszeichen-Tagen, wenn es um das allgemeine Wohlbefinden, Stressabbau und Selbstbewusstsein Ihres Hundes geht.

Wie wirkt Reiki auf Ihren Hund
* Reiki gibt Ihrem Hund innere Ruhe und Gelassenheit
* Kann akute und chronische Schmerzen lindern
* Unterstützt die Heilung im Krankheitsfall
* Stärkt das Selbstvertrauen Ihres Hundes
* Hilft Ihrem Hund, Ängste und Phobien zu überwinden
* Verbessert die mentale Lebensqualität Ihres Hundes

Wann ist Reiki nützlich
* Bei Unfällen oder Schock, während der Fahrt zum TA
* Vor und während der Unterbringung in einer Hundepension
* Vor dem Besuch im Hundesalon oder der Tierklinik
* Bei Besitzerwechsel
* Bei Angstzuständen und Nervosität
* Bei Reisekrankheit
* Bei Aggressionen
* Vor stressvollen Situationen wie Partys oder Silvester

Kann Reiki einem Hund schaden?

Nein. Tiere spüren den Energiefluss viel besser als wir Menschen. Ein kranker Hund wird die gesunde Energie des Heilers gern annehmen. Ein gesunder, ausgeglichener Hund wird sich entfernen, wenn er selbst genug positive Energien zur Verfügung hat. Deswegen können Sie Ihrem Hund auch kein Reiki aufzwingen oder ihn damit überladen. Er wird Ihnen genau den Körperteil zudrehen, der gute Energien benötigt. Und genauso eindeutig teilt er Ihnen auch mit, wann er genug hat. Dann wird Ihr Hund einfach aufstehen und weggehen. Dabei sollten Sie es auch belassen, selbst wenn die Sitzung nur drei Minuten gedauert hat.

Zusammenfassende Tipps

☽ *Bei zunehmendem Mond*

* Reiki oder Massagen helfen Ihrem Liebling jetzt besonders.
* Aufbauende Pflegeshampoos oder Hautöle wirken intensiver.
* Jetzt geschnittenes Fell wächst sehr schnell wieder nach.
* Kohlenhydrate und Fette verwandeln sich leicht in Fettpolster.
* Leistungstraining bringt nun eher meisterhafte Ergebnisse.

○ *Bei Vollmond:*
* Kräuterbehandlungen sind jetzt besonders wirkungsvoll. Dazu gehören Sitzbäder, Tees und Umschläge aus Kräutern. Aber auch Duftlampen mit ätherischen Ölen sind empfehlenswert
* Vollmond im Löwen ist der beste Tag für einen Besuch im Hundesalon
* Körperliche Überanstrengung ist besser zu vermeiden, um das Herz-Kreislaufsystem nicht zu überlasten
* Ungünstigster Tag für Operationen

☾ *Bei abnehmendem Mond:*

✱ Gute Zeit, um Ihren Hund mit Artgenossen zu sozialisieren
✱ Beste Zeit für eine Diät, falls Ihr Hund zu dick ist
✱ Der Energielevel ist jetzt hoch. Das ist gut für Ausdauertraining, ausgiebige Spaziergänge oder gemeinsame Radtouren
✱ Jetzt geschnittenes Fell wächst langsamer wieder nach
✱ Eine gute Zeit zum Krallenschneiden

● *Bei Neumond:*

✱ Lange Krallen schneiden, dann wachsen sie langsamer
✱ Sehr guter Tag für Ohrreinigung, Wurmmittel und Parasitenbehandlung
✱ Entschlackung mit Kräutertee (Brennnessel) bringt enorme Erfolge
✱ Füttern Sie heute keine Kohlehydrate oder Fette, das hilft Ihrem Hund Gewicht zu reduzieren

Was Ihnen die Planeten
über Ihren Hund offenbaren

Möchten Sie erfahren, wie sich die Stammplaneten im Geburtshoroskop Ihres Hundes auf seinen Charakter auswirken können? Dann schauen Sie in mein Buch „Das große Hundehoroskop"
An dieser Stelle nur kurz zusammengefasst, werden Sie im Buch alles über die individuelle Konstellation und Charakteristik Ihres Hundes erfahren.

Widder-Hunde sind sehr energiegeladen, triebstark, wagemutig und neigen oft zur Dominanz. Sie schrecken vor nichts zurück und haben kaum vor etwas Angst, schon gar nicht vor Artgenossen. Sie werden vom Mars regiert, dem Planeten des Krieges. Dem Mars werden Aktivität, Mut, Kraft und Unternehmungsgeist zugeschrieben.

Stier-Hunde sind treu und anhänglich. Sie lieben sinnliche Genüsse wie köstliche Leckerlis, einen kuscheligen Schlafplatz oder ein gut duftendes Hundeshampoo. Sie werden von der Venus regiert, dem Planeten der Tugend. Der Venus werden in diesem Zeichen Genuss, Zuneigung und Dankbarkeit zugeschrieben.

Zwilling-Hunde lernen enorm schnell und sind extrem wissbegierig und kontaktfreudig. Sie passen sich gut an die Bedürfnisse und Regeln ihrer Menschen an. Sie werden vom Merkur regiert, dem Planeten des Verstandes. Der Merkur versinnbildlicht Kommunikation, rasche Auffassungsgabe und Intelligenz.

Krebs-Hunde brauchen liebevollen Körperkontakt, Nähe und Geborgenheit. Sie schmusen gern und haben ein erhöhtes emotionales Sicherheitsbedürfnis. Sie werden vom Mond regiert, dem Planeten der Gefühle. Der Mond symbolisiert Sensibilität, Familiensinn und Wohlgefallen.

Löwe-Hunde wollen sich im Training oder als Service-Hunde selbst verwirklichen. Ihre enorme Lebenskraft verlangt viel Aktivität und sozialen Kontakt. Sie werden von der Sonne regiert, dem Planeten der Macht. Die Sonne steht für Selbstbewusstsein, Dominanz und Individualität.

Jungfrau-Hunde sind sehr loyal und fügsam. Sie lieben Routine und eingefahrene Rituale über alles. Sie werden vom Merkur regiert, dem Planeten des Verstandes. Merkur versinnbildlicht in diesem Zeichen Disziplin, Intelligenz und Vernunft.

Waage-Hunde sind aktive, friedliebende Individualisten. Sie mögen große Familien, Urlaubsreisen, Besucher und jegliche Art von Veränderung und Herausforderung. Sie werden von der Venus regiert, dem Planeten der Tugend. Die Venus symbolisiert hier Charme, Beständigkeit und Harmonie.

Skorpion-Hunde sind tiefgründig und unbestechlich. Extrem deutlich zeigen sie jedem ihre Sympathien und Antipathien. Den diplomatischen Mittelweg kennen sie nicht. Skorpion Hunde werden von Pluto regiert, dem Planeten der Wiedergeburt. Pluto begünstigt Veränderung, Ausdauer und Macht.

Schütze-Hunde sind verspielt, neugierig und abenteuerlustig. Sie sind immer guter Dinge und ernten sogar von schlecht gelaunten Menschen Entzücken und Wohlwollen. Sie werden vom Jupiter regiert, dem Planeten der Zuversicht. Jupiter verkörpert Optimismus, Toleranz und Spürsinn.

Steinbock-Hunde sind geduldig und diszipliniert. Sie sind freundlich zu Artgenossen und können in einem Multi-Hunde-Haushalt wohlwollend für Ruhe und Ordnung im Rudel sorgen. Sie werden vom Saturn regiert, dem Planeten der Klarheit. Saturn steht für Bescheidenheit, Genügsamkeit und hohes Konzentrationsvermögen.

Wassermann-Hunde sind originell, sozial und lernfreudig. Sie sind extrovertiert und anhänglich, brauchen aber kaum Streicheleinheiten. Sie werden vom Uranus regiert, dem Planeten der Intuition. Uranus steht für Veränderung, Abwechslung und Lernfreude.

Fische-Hunde sind brav und streben nach Liebe und Harmonie. Sie würden niemals Nachbars Katzen jagen oder Joggern bellend hinterherrennen. Sie werden vom Neptun regiert, dem Planeten der Illusion. Neptun verkörpert Selbstlosigkeit, Geborgenheit und Hingabe.

Das Seelenleben Ihres Hundes

Hunde haben, im Gegensatz zu uns Menschen, keine negativen Gedanken, sie kennen keinen Neid und keinen Groll. Sie sind von einer durchweg freundlichen Aura umgeben. Auch Ihr Hund ist von Grund auf positiv auf sein Leben und seine Umgebung eingestellt.

Wie kommt es dann, werden Sie nun fragen, dass so viele Hunde ängstliches, hyperaktives oder sogar aggressives Verhalten zeigen? Warum verstecken sie sich bei Gewitter, warum wollen sie nicht alleine bleiben, warum gehen sie feindselig auf Artgenossen los? Die Antwort ist einfach: Weil es ihnen ihre Besitzer so vorleben. Hunde sind Meister im Interpretieren von Körpersprache. Sie wollen uns gefallen, und tun alles, um uns zufriedenzustellen, aber auch um ihre eigene Haut zu retten. Wenn wir in bestimmten Situationen Nervosität zeigen, dann registrieren unsere Hunde das sofort. Sie spüren, wann wir gereizt, wütend oder traurig sind. Unseren Seelenzustand bringen sie mit der jeweiligen Situation in Verbindung. Wenn Sie bei Gewitter nervös sind, wird es Ihr Hund auch bald sein. Denn er sieht, dass bis auf das Gewitter, alles ist wie sonst auch. Daraus schlussfolgert er, dass Blitz und Donner zu Ihrer Gereiztheit führen. Da Hunde LernTiere sind, wird er sich Ihnen bald anschließen und auch gestresst reagieren.

In unserer hektischen Welt ist es also mehr denn je wichtig, innere Ausgeglichenheit zu erlangen. Wenn Sie in Harmonie mit sich selbst sind, wird auch Ihr Hund ausgeglichen und zufrieden sein. Ruhe und Frieden in seiner Menschenfamilie sind eine wesentliche Basis für sein Leben. In unklaren Situationen wird sich Ihr Hund mit seinem Verhalten fast immer an Ihnen orientieren. Wenn Sie hektisch und aufgeregt reagieren, wird sich Ihr Hund auch ungestüm verhalten. Wenn Sie ruhig bleiben und Gelassenheit ausstrahlen, wird Ihr Hund sich sicher fühlen, und ebenfalls still sein. Hunde, die bei streitsüchtigen, hektischen Besitzern leben, verhalten sich oft unruhig, rastlos oder sogar aggressiv. Wogegen die Hunde von geduldigen, friedfertigen Besitzern tatsächlich ausgeglichener sind und manchmal sogar verlernen zu spielen. Beide Extreme sind nicht wünschenswert. Aber die Hunde selbst können nichts dafür. Fragen Sie sich selbst einmal ganz ehrlich: Was tun Sie, wenn jemand Ihren Anwohnerparkplatz blockiert? Wie verhalten Sie sich, wenn Teenager in Ihrer Nachbarschaft bis drei Uhr morgens laute Partys feiern? Wie fühlen Sie sich, wenn Ihr Chef Sie ignoriert, aber Ihren Kollegen stets bevorzugt behandelt? Wie finden Sie es, sich für Familie, Eltern oder Kinder aufzuopfern, aber nie einen Dank zu bekommen? Reagieren Sie heftig, schlecht gelaunt oder betrübt auf solche Situationen? Seien Sie versichert, Ihr Hund wird spüren, wie Sie sich in diesen Momenten fühlen.

Es gibt viele Schicksalsschläge, die uns aus der Bahn werfen können. Liebeskummer, Suchtprobleme in der Familie, Untreue des Partners, Angst vor Familienmitgliedern, Krankheit, verpatzte Prüfungen, Kündigung ... die Liste ist endlos. Ihr Hund kann sich nicht wehren, wenn Sie gereizt oder depressiv sind. Er kann nur versuchen, es Ihnen gleich zu tun oder versuchen, das Beste aus der Situation zu machen. Vielleicht versteckt er sich aus Angst, vielleicht schmiegt er sich beruhigend an Sie. Vielleicht jagt er aber auch die Katze oder verbellt grimmig jeden Artgenossen, um seinen Stress abzubauen.

Versuchen Sie künftig, etwas mehr im Einklang mit der Natur, Ihrer Intuition und dem Mond zu leben. Die Kräfte des Mondes wirken sich auf unser Gemüt und unser Seelenleben aus. Das wiederum beeinflusst die Reaktionen und Handlungen unserer Hunde. Seien Sie aber ebenso bereit, Ihrem Hund zu vergeben, wenn er sich einmal daneben benimmt. Er tut es nicht, um Sie zu ärgern, sondern weil er unsicher ist und nicht weiß, wie er mit einer Situation umgehen soll. In vielen Fällen beruht Fehlverhalten sogar auf tiefer Angst oder eventuell Panik! Schimpfen Sie nicht, bleiben Sie ruhig. Nutzen Sie die Gunst der Elemente für Ihr harmonisches Miteinander. Sehen Sie das unerwünschte Verhalten als einen Hilferuf Ihres Hundes und eine Chance, ihm zu helfen! Auch dafür können Sie den Mondzyklus nutzen:

An Wärmetagen steht der Mond in den Feuerzeichen Widder, Löwe oder Schütze. Es herrscht eine entspannte, warme Stimmung. Das sind gute Tage für ein gemeinsames Picknick mit Ihrem Hund. Oder kuscheln Sie gemütlich miteinander auf dem Teppich.

Die Lichttage sind bestimmt von den Luftzeichen Zwillinge, Waage und Wassermann. Es ist heller als an anderen Tagen. Das ist eine gute Basis für ausgedehnte Spaziergänge mit Ihrem Hund.

Die Kältetage werden bestimmt von den Erdzeichen Stier, Steinbock und Jungfrau. Unsere Umgebung wirkt kühler. Tiere und Menschen frieren schneller als sonst. Spaziergänge dürfen an solchen Tagen etwas kürzer sein. Machen Sie als Ersatz ein paar witzige Übungen im Haus. Tricktraining wie Verbeugen, Kopf nicken oder Spielzeug in eine Kiste sortieren machen Ihrem Hund garantiert Spaß. (Genaue Anleitungen dazu finden Sie in meinem Buch *Jeder Hund ist anders*)

Die Wassertage werden beherrscht von den Wasserzeichen Krebs, Skorpion und Fische. Die Tage sind meist feucht und kühl, oft auch im seelischen Bereich. Besonders intensiv spüren wir das bei zunehmendem Mond. Wundern Sie sich also nicht, wenn Ihr Hund sich an diesen Tagen etwas zurückzieht und auch von Streicheleinheiten nichts wissen will. In ein paar Tagen wird er wieder sehr viel empfänglicher auf Ihre Liebkosungen reagieren.

PS: Testen Sie unsere ätherischen Sternzeichen-Öle bei Ihrem Hund. Diese natürlichen Öle sollen die Eigenschaften seines Sternzeichens unterstützen, seine positiven Wesensarten verstärken und fehlende Qualitäten ausgleichen.

Die Sternzeichen-Öle erhalten Sie hier:
www.echt-hundgerecht.de

Versuchen Sie es einfach, ich helfe Ihnen

Nur keine Angst! Scheuen Sie sich nicht, die genannten Ratschläge einmal auszuprobieren. Ich habe hier nur erwähnt, was Ihrem Hund guttun kann. Egal ob es dabei um seine Ernährung, Schönheit oder charakterlichen Marotten geht. Ich würde mich freuen, wenn Ihre Mensch-Hund-Beziehung mit der Anwendung der Mondregeln bald noch enger und intensiver wird.

Sollte Ihr Hund ernsthafte Verhaltensprobleme entwickeln, kontaktieren Sie mich bitte, ich werde Ihnen helfen. Dabei ist es völlig egal, wo Sie wohnen. Mit den heutigen Möglichkeiten von E-Mail, Internet und Telefon kann ich Sie überall beraten und Ihnen Lösungswege aufzeigen.

Glauben Sie mir, nicht nur gegen jede Krankheit ist ein Kraut gewachsen. Auch jedes Stressverhalten eines Hundes lässt sich korrigieren – manchmal mit Kräutern, aber meist mit Einfühlungsvermögen, Geduld und hund-gerechter Kommunikation. Meine E-Mail ist:

cityhundeakademie@gmail.com

Alles Gute und viel Spaß beim Ausprobieren

Über die Autorin

Die Autorin Antje Hebel arbeitet bereits über 25 Jahre als Ausbilderin mit Hunden und deren Besitzern. Heute ist sie als anerkannte Tier-Psychologin für Problemhunde tätig. Sie hat mit Caniko® ein komplett neuartiges Konzept entwickelt, um das Stress-Verhalten bei Hunden innerhalb weniger Wochen erfolgreich zu verbessern.

Das besondere daran ist, dass der Hund nicht anwesend sein muss. Der Schlüssel zur Verhaltensänderung des Hundes liegt ganz allein bei seinen Menschen. Entstanden ist ihre Methode in Bali, wo Antje Hebel 15 Jahre gelebt und mit Straßenhunden gearbeitet hat.

Antje Hebel unterrichtet Caniko® hauptsächlich online in Kursen und persönlichen Beratungen über das Internet. Sie betreut Hundebesitzer auf der ganzen Welt. Infos, Livestream und Ratgeber-Videos finden Sie bei YouTube, LinkedIn und Facebook unter „Cityhunde". Mehr zu Antje Hebel, ihrer Arbeit und ihrer Methode finden Sie unter www.cityhunde.de/

Aufgewachsen auf dem Land, war sie schon seit frühester Kindheit an die Anwendung von Heilkräutern gewöhnt, Bauernregeln und Mondkalender waren ständige Begleiter ihrer Familie.

Bei sich selbst und ihren Tieren vermeidet sie bis heute die Verwendung von Tabletten und Medikamenten, wenn irgend möglich. Auf ihrem Erste-Hilfe-Plan stehen Tees, Kräuter und die Anwendung von Hausmitteln. Sollten Medikamente erforderlich sein, benutzt sie homöopathische Produkte, die frei sind von Nebenwirkungen. In Bali wurde Antje Hebel auf den Neembaum aufmerksam. Heute nutzt die Autorin Neem-Produkte verstärkt zur natürlichen Bekämpfung von Milben und Hautkrankheiten bei Hunden. Alle Produkte finden sie im Online-Shop: www.echt-hundgerecht.de

Die Autorin nutzt das überlieferte Wissen Ihrer Großmutter und ihre eigenen Kenntnisse, um mit ihren eigenen und auch anderen Hunden im Einklang mit der Natur zu leben und zu arbeiten.

Hunde-Stress bei Begegnungen mit Artgenossen?

Falls Hundeschule und Hundetraining bisher erfolglos waren, ist Ihr Hund extrem sensibel. Dann reagiert er nicht auf Kommandos, Disziplin und Erziehung, sondern braucht bei Hundebegegnungen Ihr Vertrauen, Verständnis und eine gezielte Unterstützung.
Wie Sie das hinbekommen, lernen Sie hier:
www.cityhunde.de/

Ich helfe Ihnen
* Bei Hundebegegnungen selber ruhig zu bleiben,
* Ihrem Hund Signale zu geben, die er versteht
* Ihn gekonnt aus der Situation zu führen

Damit Sie Ihren Hund bald überall hin mitnehmen können ... ohne sich vor anderen Menschen zu schämen und ohne Angst, dass etwas Schlimmes passiert. Machen Sie mit.

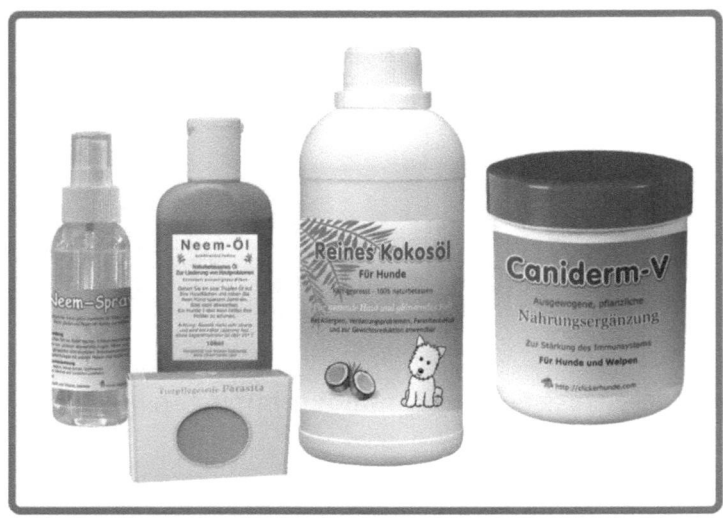

Das große Hunde-Horoskop
Wie die Sterne den Charakter
deines Hundes beeinflussen

ISBN: 9783740762438

Wohin fährt ein Widder-Hund am liebsten in Urlaub?
Welche Krankheiten plagen den Steinbock-Hund am intensivsten?
Mit welchem Zweithund kommt ein Fische-Hund am besten klar? Welcher Mensch passt am besten zu welchem Hund?
Und vor allem: Welche Schwächen und Stärken zeichnen jeden Hund aus, je nachdem, unter welchem Sternbild er geboren wurde?

In diesem Buch kann jeder Hundefreund die Persönlichkeit seines Vierbeiners völlig neu entdecken und lieben lernen.
Ein humorvoller Ratgeber, der uns klarmacht – nicht der Hund hat Unarten an sich, es sind die Sterne, die ihn zu Übermut verleiten.
Ein schönes Geschenk für jeden Hundeliebhaber.